EL PAIS

País Vasco

Viajar significa escapar de la rutina, descubrir nuevas rutas, admirar paisajes con encanto, adentrarse en lugares con magia y, siempre, el placer de ampliar nuestros horizontes.

Y es que viajar es un placer y convertirse en viajero toda una aventura.

En ***Repsol YPF*** *sabemos que la curiosidad y el saber son el motor de muchos viajes. Por eso, nos preocupamos por ofrecer los mejores productos y servicios para que los desplazamientos se efectúen siempre cómodamente y en las mejores condiciones.*

Esta firme orientación al servicio es la que nos ha llevado a editar la ***Guía Campsa****, una guía que goza de un prestigio y reconocimiento unánimes que la sitúan, sin duda, como la más completa de España.*

Un compromiso que también nos impulsó a lanzar ***repsolypf.com****, un portal líder que es ya un referente en internet a la hora de planificar las rutas y preparar el viaje.*

Experiencia y vocación que hoy nos lleva a colaborar con ***El País*** *en la edición de esta magnífica colección de* ***Guías El Viajero*** *que tiene en sus manos.*

REPSOL YPF

País Vasco

LA COSTA

EL PAIS

El Viajero

PAÍS VASCO I
Textos: Javier Echenagusia y María Unceta. **Fotografía:** Archivo Nature & Travel (Rafael Delgado, Esther Ramos, Juan Carlos Muñoz, Nano Cañas, José Benito Ruiz, Guillermo Rodríguez, Kyosti Kauppinen, Santiago Rodríguez, Enrique López Tapias, Miguel Ángel Otero, José Ramón San Sebastián y José Latova) con la colaboración de Aitziber Abaroa, Lenbur Fundazioa, José Galíndez y Alberto Paredes.

COLECCIÓN
Proyecto y contenidos de la colección: C&M Iniciativas de Comunicación. **Dirección:** César Hernández. **Coordinación:** Antonio Cortijo y Esperanza Moreno. **Redacción y documentación:** Ignacio Velázquez, Rodrigo Gil, Arancha Gómez y Elena Llamazares. **Archivo y tratamiento de imágenes:** Yeyo Delgado, Cristina San Deogracias, María Luisa Saornil, Alicia Lopesino y Elisa Castaño.

Diseño de la colección: Manuel Estrada.

Balnearios: Teresa Pacheco. **Casas rurales:** Paco Nadal. **Hoteles y paradores:** Fernando Gallardo. **Monasterios:** Paca Arceo. **Restaurantes:** José Carlos Capel. **Director de realización:** Víctor Benayas. **Coordinación editorial:** Paca Arceo. **Coordinación de maquetación:** Fernando de Santiago. **Maquetación:** Javier Gutiérrez, David Rico, Obdulia Zamora, A. Domingo Sánchez, Manuel Prieto, V. Sanz Egea y Mercedes Sánchez.

Edición gráfica: Marieta Pedregal y Elisa R. Mira. **Corrección de textos:** Sandra Barbero, Rafael Díaz Ayala, Carlos García, Javier Olmos, Natalia Pérez y José Miguel Torrente. **Ayudante de corrección:** Cristina Moreno. **Índices:** Carmen Bermúdez. **Mapas:** Jorge Redondo, Manuel Pizarro/ZAK studio.

Sumario

EL PAIS

El Viajero

De esta edición:

Miguel Yuste, 40, 28037 Madrid

ISBN: 84-9815-106-6
ISBN obra completa: 84-9815-108-2
Depósito legal: M-15.024-2005
Impreso en España por Atanes, Móstoles (Madrid), junio de 2005

Introducción

DOSCIENTOS KILÓMETROS de abrupto acantilado median entre el cabo Higuer y punta Covarón. Donde la roca cede surgen bahías, playas y puertos. Casi 50 localidades se asoman a la orilla, trepan por la ladera o se acomodan por los acantilados y al fondo de las rías. El verde respaldo de la montaña, el gris acerado de la roca y el azul marino del Cantábrico componen una extraordinaria sinfonía cromática. Es la costa vasca.

A ratos emergen promontorios de formas caprichosas. El ratón de Getaria, por ejemplo. O la peña de San Juan de Gaztelugatxe, con su ermita envuelta en leyenda. Los pueblos marineros son tanto más encantadores cuando les da por descolgarse en la ladera. Lo que tan bien hace Elantxobe, pero que realizan con igual

gracia Mutriku y Mundaka.La historia ha cuajado de patrimonio villas como Hondarribia, Gernika y Getxo.

No sobran las bahías, pero las que aparecen son de tal porte que hacen olvidar su escasez. La Concha de Donostia, en primer plano, quizás la más perfecta. Pero no desmerece Lekeitio, su réplica a pequeña escala. O la de Pasaia, escondida tras las dos puntas de Arando. Ni Plentzia. Para llegar al brutalismo del Abra bilbaíno. Junto a las bahías están los estuarios, y los humedales. El Txingudi y el Urdaibai en primer término.

En la costa vasca se inventó el veraneo, cuando reyes, nobles y burgueses descubrieron Zarautz, Donostia y Lekeitio. Después sentaron plaza Deba, Zumaia, Bakio, Plentzia y las playas salvajes de Barrika y Sopela.

Es ésta una costa de visible vitalidad. Puertos pesqueros del porte de Ondarroa y Bermeo. Ciudades intensas como Donostia y Bilbo, que del Kursaal y Guggenheim han hecho emblema de modernidad. La fiesta está presente en alardes, traineras, procesiones marineras, semanas grandes... Y la gastronomía, milagro del bacalao al pil-pil, falsa modestia del *txitxarro,* contundencia del *marmitako arrantzale.* No olvidemos que esta costa, por dar, hasta da vino, el *txakoli,* que crece mirando al mar. Al Cantábrico.

Cómo utilizar esta guía

Código de colores
El cambio de color indica el paso de una provincia a otra

Pictograma
Código que indica en cada doble página si se trata de un paraje natural, un pueblo con encanto, un espacio urbano, un museo, un monumento, un sitio arqueológico u otro lugar de interés

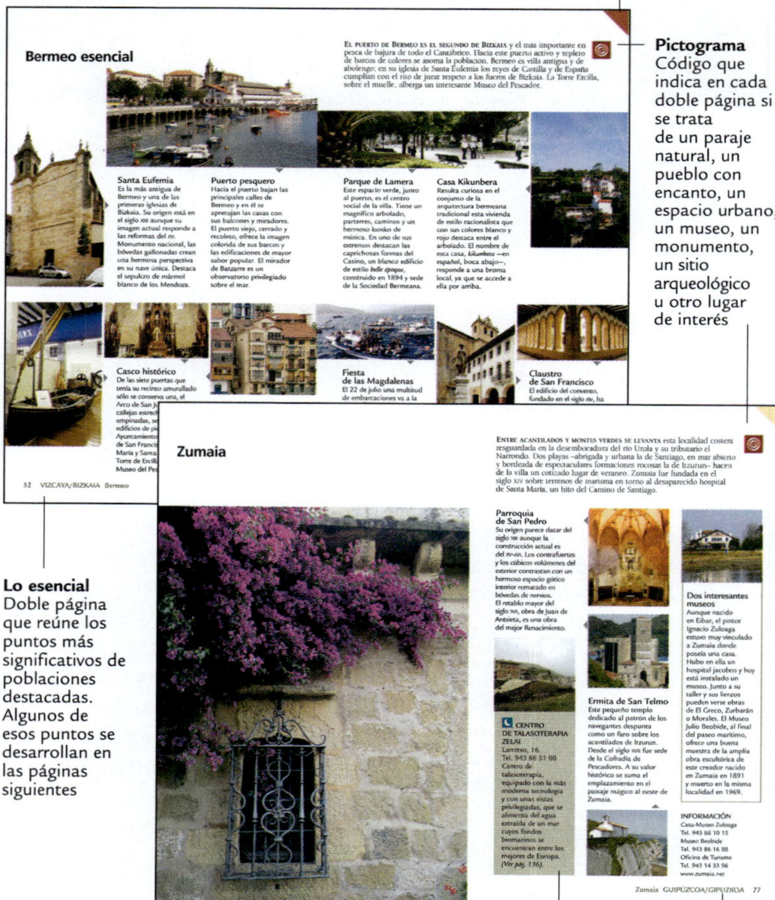

Lo esencial
Doble página que reúne los puntos más significativos de poblaciones destacadas. Algunos de esos puntos se desarrollan en las páginas siguientes

Alojamientos con encanto
Se incluyen los establecimientos con encanto situados en la localidad o zona

Localización
Se indica la población o la zona geográfica y/o la provincia

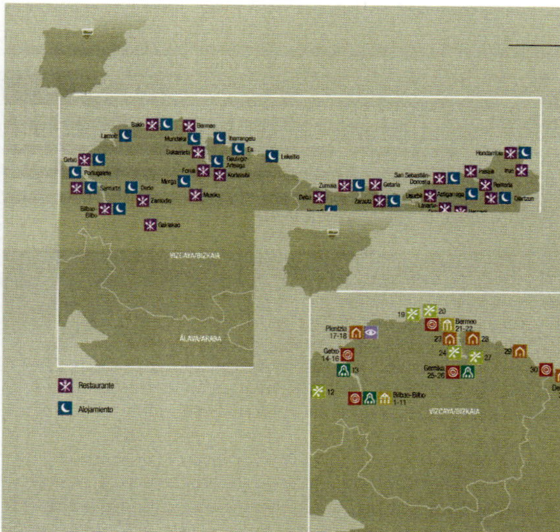

Guardas traseras
Incluyen un mapa con las localidades que ofrecen al viajero alojamientos y restaurantes

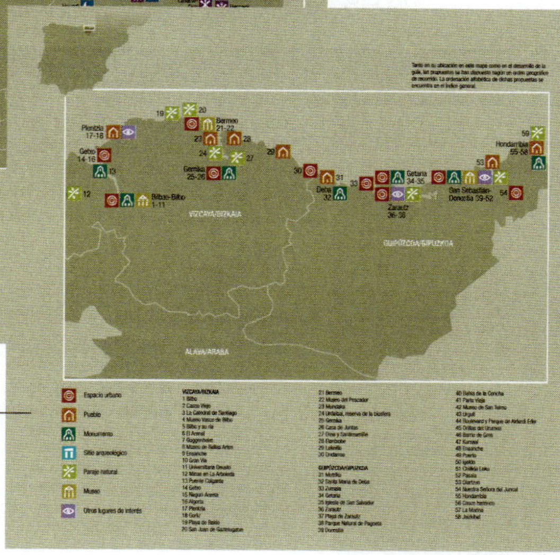

Guardas delanteras
En el mapa se representa los distintos lugares comentados en la guía. Se incluye la enumeración de los puntos a visitar

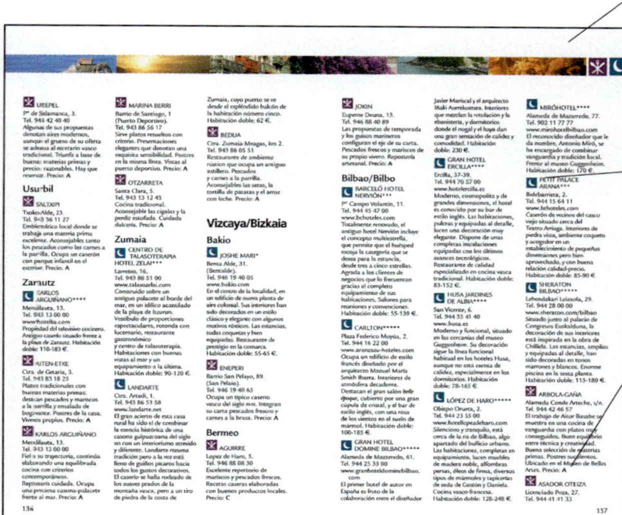

UREPEL
Pº de Salamanca, 3.
Tel. 943 42 40 40
Algunas de sus propuestas denotan aires modernos, aunque el grueso de su oferta se adecua al recetario vasco tradicional. Triunfa a base de buenas materias primas y precios razonables. Hay que reservar. Precio: **A**

Usurbil

SALTXIPI
Txoko-Alde, 23.
Tel. 943 36 11 27
Emblemático local donde se trabaja una materia prima excelente. Aconsejables tanto los pescados como las carnes a la parrilla. Ocupa un caserón con parque infantil en el exterior. Precio: **A**

Zarautz

KARLOS ARGUIÑANO****
Mendilauta, 13.
Tel. 943 13 00 00
www.hotelka.com
Propiedad del televisivo cocinero. Antiguo caserío situado frente a la playa de Zarautz. Habitación doble: 110-183 €.

AITEN-ETXE
Ctra. de Getaria, 3.
Tel. 943 83 18 25
Platos tradicionales con buenas materias primas; destacan pescados y mariscos a la parrilla y ensalada de bogavante. Postres de la casa. Viveros propios. Precio: **A**

KARLOS ARGUIÑANO
Mendilauta, 13.
Tel. 943 13 00 00
Fiel a su trayectoria, continúa elaborando una equilibrada cocina con criterios contemporáneos. Repostería cuidada. Ocupa una preciosa casona-palacete frente al mar. Precio: **A**

MARINA BERRI
Barrio de Santiago, 1 (Puerto Deportivo).
Tel. 943 86 56 17
Sirve platos resueltos con criterio. Presentaciones elegantes que denotan una exquisita sensibilidad. Postres en la misma línea. Vistas al puerto deportivo. Precio: **A**

OTZARRETA
Santa Clara, 5.
Tel. 943 13 12 43
Cocina tradicional. Aconsejable las cigalas y la perdiz estofada. Cuidada dulcería. Precio: **A**

Zumaia

CENTRO DE TALASOTERAPIA HOTEL ZELAI***
Larretxo, 16.
Tel. 943 86 51 00
www.talasozelai.com
Construido sobre un antiguo palacete al borde del mar, en un idílico acantilado de la playa de Itzurun. Vestíbulo de proporciones espectaculares, rotonda con lucernario, restaurante gastronómico y centro de talasoterapia. Habitaciones con buenas vistas al mar y un equipamiento a la última. Habitación doble: 90-120 €.

LANDARTE
Ctra. Artadi, 1.
Tel. 943 86 53 58
www.landarte.net
El gran acierto de esta casa rural ha sido el de combinar la esencia histórica de una casona guipuzcoana del siglo XVI con un interiorismo atrevido y diferente. Landarte rezuma tradición pero a la vez está lleno de guiños pícaros hacia todos los gustos decorativos. El caserío se halla rodeado de los suaves prados de la montaña vasca, pero a un tiro de piedra de la costa de Zumaia, cuyo puerto se ve desde el espléndido balcón de la habitación número cinco. Habitación doble: 62 €.

BEDUA
Ctra. Zumaia-Meagas, km 2.
Tel. 943 86 05 51
Restaurante de ambiente rústico que ocupa un antiguo astillero. Pescados y carnes a la parrilla. Aconsejables las setas, la tortilla de patatas y el arroz con leche. Precio: **A**

Vizcaya/Bizkaia

Bakio

JOSHE MARI*
Benta Alde, 31. (Bentalde).
Tel. 946 19 40 05
www.bakio.com
En el centro de la localidad, en un edificio de nueva planta de aire colonial. Sus interiores han sido decorados en un estilo clásico y elegante con algunos motivos rústicos. Las estancias, todas coquetas y bien equipadas. Restaurante de prestigio en la comarca. Habitación doble: 55-65 €.

ENEPERI
Barrio San Pelayo, 89. (San Pelaio).
Tel. 946 19 40 65
Ocupa un típico caserío vasco del siglo XVIII. Integran su carta pescados frescos y carnes a la brasa. Precio: **A**

Bermeo

AGUIRRE
Lopez de Haro, 5.
Tel. 946 88 08 30
Excelente repertorio de mariscos y pescados frescos. Recetas caseras elaboradas con buenos productos locales. Precio: **C**

136

JOKIN
Eupeme Deuna, 13.
Tel. 946 88 40 89
Las propuestas de temporada y los guisos marineros configuran el eje de su carta. Pescados frescos y mariscos de su propio vivero. Repostería artesanal. Precio: **A**

Bilbao/Bilbo

BARCELÓ HOTEL NERVIÓN***
Pº Campo Volantín, 11.
Tel. 944 45 47 00
www.bchoteles.com
Totalmente renovado, el antiguo hotel Nervión incluye el concepto multiestrella, que permite que el huésped escoja la categoría que se desea para la estancia, desde tres a cinco estrellas. Agrada a los clientes de negocios que lo frecuentan gracias al completo equipamiento de sus habitaciones. Salones para reuniones y convenciones. Habitación doble: 55-139 €.

CARLTON*****
Plaza Federico Moyúa, 2.
Tel. 944 16 22 00
www.aranzazu-hoteles.com
Ocupa un edificio de estilo francés diseñado por el arquitecto Manuel María Smith Ibarra. Interiores de atmósfera decadente. Destacan el gran salón *belle époque*, cubierto por una gran cúpula de cristal, y el bar de estilo inglés, con una rosa de los vientos en el suelo de mármol. Habitación doble: 100-185 €.

GRAN HOTEL DOMINE BILBAO*****
Alameda de Mazarredo, 61.
Tel. 944 25 33 00
www.granhoteldominebilbao.com
El primer hotel de autor en España es fruto de la colaboración entre el diseñador Javier Mariscal y el arquitecto Iñaki Aurrekoetxea. Interiores que mezclan la rotulación y la ebanistería, y dormitorios donde el nogal y el haya dan una gran sensación de calidez y comodidad. Habitación doble: 230 €.

GRAN HOTEL ERCILLA****
Ercilla, 37-39.
Tel. 944 70 57 00
www.hotelercilla.es
Moderno, cosmopolita y de grandes dimensiones, el hotel es conocido por su bar de estilo inglés. Las habitaciones, pulcras y equipadas al detalle, lucen una decoración muy elegante. Dispone de unas completas instalaciones equipadas con los últimos avances tecnológicos. Restaurante de calidad especializado en cocina vasca tradicional. Habitación doble: 83-152 €.

HUSA JARDINES DE ALBIA****
San Vicente, 6.
Tel. 944 35 41 40
www.husa.es
Moderno y funcional, situado en las cercanías del museo Guggenheim. Su decoración sigue la línea funcional habitual en los hoteles Husa, aunque no está exenta de calidez, especialmente en los dormitorios. Habitación doble: 78-165 €.

LÓPEZ DE HARO*****
Obispo Orueta, 2.
Tel. 944 23 55 00
www.hotellopezdeharo.com
Silencioso y tranquilo, está cerca de la ría de Bilbao, algo apartado del bullicio urbano. Las habitaciones, completas en equipamiento, lucen muebles de madera noble, alfombras persas, óleos de firma, diversos tipos de mármoles y tapicerías de seda de Gastón y Daniela. Cocina vasco-francesa. Habitación doble: 128-248 €.

MIRÓHOTEL****
Alameda de Mazarredo, 77.
Tel. 902 11 77 77
www.mirohotelbilbao.com
El reconocido diseñador que le da nombre, Antonio Miró, se ha encargado de combinar vanguardia y tradición local. Frente al museo Guggenheim. Habitación doble: 170 €.

PETIT PALACE ARANA***
Bidebarrieta, 2.
Tel. 944 15 64 11
www.hthoteles.com
Caserón de vecinos del casco viejo situado cerca del Teatro Arriaga. Interiores de piedra vista, ambiente coqueto y acogedor en un establecimiento de pequeñas dimensiones pero bien aprovechado, y con buena relación calidad-precio. Habitación doble: 85-90 €.

SHERATON BILBAO*****
Lehendakari Leizaola, 29.
Tel. 944 28 00 00
www.sheraton.com/bilbao
Situado junto al palacio de Congresos Euskalduna, la decoración de sus interiores está inspirada en la obra de Chillida. Las estancias, amplias y equipadas al detalle, han sido decoradas en tonos marrones y blancos. Enorme piscina en la sexta planta. Habitación doble: 115-180 €.

ARBOLA-GAÑA
Alameda Conde Arteche, s/n.
Tel. 944 42 46 57
El trabajo de Aitor Basabe se muestra en una cocina de vanguardia con platos muy conseguidos. Buen equilibrio entre técnica y creatividad. Buena selección de materias primas. Postres suculentos. Ubicado en el Museo de Bellas Artes. Precio: **A**

ASADOR OTEIZA
Licenciado Poza, 27.
Tel. 944 41 41 33

137

Guía de alojamientos y restaurantes
Las páginas finales contienen el listado de alojamientos y restaurantes de la zona

Pictograma
Cada establecimiento va precedido de un pictograma que indica si se trata de un hotel o de un restaurante

Precio
El precio de los restaurantes se indica mediante las letras A, B, C o D en función de la franja de precios que abarque. *(Ver pág. 131)*

Bilbo esencial

Bilbo y sus *Bilbaos*

El Casco Viejo, con sus Siete Calles, que son más, es una pequeña ciudad en sí misma. Con el añadido de la vecina Atxuri y las alturas de Begoña. Cruzada la ría, el elegante ensanche de Abando e Indautxu. Y de nuevo en el otro margen, la Universitaria Deusto.

Ría del Nervión

En ella radica el acta de nacimiento de Bilbo. Es su emblema de siempre, su arteria principal, memoria de la ciudad portuaria que fue. Comercial primero, industrial después, a la ría se asoma ahora buena parte de la mejor cara de la renovada ciudad de hoy.

Una ciudad renovada

La transformación de Bilbo durante la última década es sorprendente. De la necesidad virtud, la crisis industrial permitió dar nuevo destino a espacios centrales que se van ocupando: Guggenheim, Palacio Euskalduna, paseos de la ría, Ametzola, el futuro Abandoibarra...

Metro de Bilbo

En Bilbo se enseña con orgullo el metropolitano. Tienen sus razones. Desde las vistosas y curvas marquesinas de cristal que cubren los accesos —los “fosteritos”—, hasta la elegante concepción de las estaciones, ya sean en caverna, como la Moyúa o en falso túnel en el caso de Sarriko.

YA NO ES PRECISO QUERER A BILBO PARA DECIDIRSE a visitarla. La vieja ciudad industrial ha mudado de piel, pero, afortunadamente, sigue fiel a su modo de ser. Esta nueva escenografía urbana, simbolizada por las flores de Puppy y el titanio del Guggenheim, convive con naturalidad con el bullicio de las Siete Calles, en la otra margen de la ría. Reafirmándose como la ciudad de mayor vitalidad en la costa cantábrica.

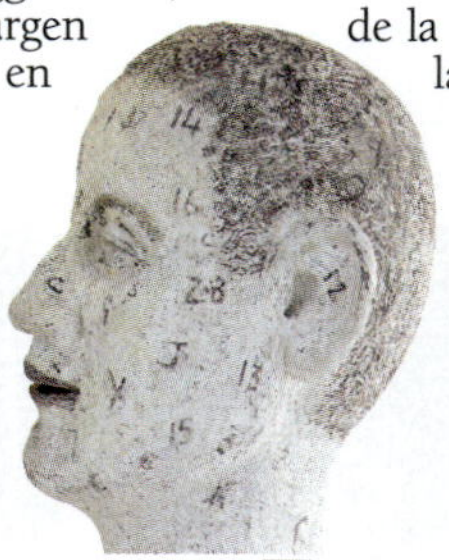

Melomanía

Bilbo es ciudad de melómanos, y no sólo por los *ochotes,* agrupaciones espontáneas capaces de cantar en cualquier rincón. Ofrece numerosos espacios musicales: Arriaga, Palacio Eukalduna, Bilborock de la Merced... Sin olvidar el kiosko de El Arenal y la banda municipal.

Museo de Bellas Artes

Este museo es una de las más importantes pinacotecas españolas. Con una ejemplar programación de exposiciones temporales. En sus muros cuelga obra de buena parte de los más relevantes autores del siglo XX, y es sorprendente su colección de pintura gótica.

Los museos

No sólo del Guggenheim vive Bilbo. Muy cerca está el de Bellas Artes. Y también el muy reciente y vistoso Museo Marítimo de Bilbo. Sin olvidar instituciones como el Museo Vasco, el de Reproducciones Artísticas, el taurino o el Diocesano de Arte Sacro en la Encarnación.

Iglesias de ayer y hoy

Pequeña ciudad mercantil hasta finales del siglo XIX, Bilbo tiene tasados sus edificios religiosos. Hay, no obstante, buenos ejemplos. La catedral del Señor Santiago, en primer término. A ella se suman San Vicente, la basílica de Begoña, San Nicolás, la de los Santos Juanes...

Guggenheim

Pocas veces un edificio ha hecho tanto por una ciudad. Ahora son legión las que buscan repetir la historia. Bilbo tomó la delantera, y la escultura habitada de Gehry puso en el mapa a la ciudad del Nervión, destino preferido de cada vez mayor número de visitantes.

Casco Viejo

Primero fueron Somera, Artecalle y Tendería, y sus correspondientes cantones. Después se sumarían Belosticalle, Carnicería Vieja, Barrencalle y Barrencalle Barrena. Las Siete Calles, que terminaron siendo más, plaza Nueva incluida. Es lo más genuino de Bilbo, una pequeña ciudad de fuerte personalidad. Puede encontrarse desde una boina hasta un cuadro. Regado con el chiquiteo matizado por los pinchos. Además de una animada vida nocturna.

Arquitecturas

Predomina la vivienda tradicional de tres plantas, con miradores y balcones en fachada, pero no faltan edificios singulares: los palacios de Mazarredo, Arana, Gortázar o Allendesalazar; el edificio de la Bolsa; la Biblioteca Municipal; o la casa en el número seis de Iturburu, vestigio del primer Bilbo.

Plaza Nueva

Elegante recinto neoclásico proyectado por Silvestre Pérez en 1821 y realizado por Avelino de Goicoechea. Se terminó en 1851. Sus 64 arcos apoyados en columnas toscanas recorren la plaza. Bares y terrazas, y una animada programación lo convierten en punto de cita indispensable.

San Antón, iglesia y puente

El desaparecido puente medieval de San Antón y la iglesia del mismo nombre forman parte del escudo de la villa. El puente fue sustituido en 1877 por el actual. San Antón es un templo gótico del XV con torre campanario barroca. Contiene un hermoso retablo plateresco realizado por Guiot de Beaugrant.

Comprar en la Ribera

A un costado de las Siete Calles, frente a los soportales del paseo de la Ribera y con su silueta de barco varado en el muelle de la ría, este mercado que ideara el bermeano Pedro de Ispizua en los años treinta es un verdadero lujo para la vista y el paladar. Baste pasear por entre los puestos de sus dos animadas plantas iluminadas por vistosas vidrieras. Sin desdeñar nada, el pescado y el marisco son sus productos estrella. Amén del edificio mismo, muy próximo al lenguaje de la arquitectura racionalista de su autor.

INFORMACIÓN
Tel. 944 79 57 60
www.bilbao.net

Catedral

LA CATEDRAL DE SANTIAGO, A PESAR DE QUE NO RECIBIÓ esta dignidad hasta 1949, es el edificio más antiguo del casco viejo de Bilbo, lo único que se salvó del incendio de 1571. Y su parroquia más antigua, bajo la advocación del apóstol, patrono de Bilbo desde 1643. Sobre la plazuela de Santiago, dominada por su amplio pórtico y en el extremo de las Siete Calles originarias de Bilbo, es una magnífica muestra del gótico con referencias normandas.

Edificio gótico

Se inicia en el siglo XV siguiendo modelos franceses. Dispone de tres naves, con triforio la central, crucero y girola de estilo normando. La portada sur y la del Ángel, gótico florido con elementos decorativos isabelinos, son muy interesantes. La torre y la portada neogótica con su gran rosetón son obra de Severino de Achúcarro, realizada en 1891.

Pórtico y claustro

El generoso pórtico de trazado irregular, de finales del siglo XVI, es uno de los espacios más característicos de la catedral. Además de zona de acogida cumple funciones de contrafuerte del templo. El reducido claustro cuadrado, tardogótico, muestra elegantes ventanales de tracería flamígera.

Plaza

Rodeada de casas decimonónicas, su trazado irregular es fruto de la presencia de la catedral. En 1785 se instaló la espléndida fuente pública, obra de Luis Paret. Muy cerca está la Fuente del Perro, sofisticado ejemplo de estilo imperio con sus tres caños y evocaciones paleocristianas.

Biblioteca Municipal

En Bidebarrieta se levanta la antigua sede de la sociedad "El Sitio", hoy biblioteca municipal. Magnífico edificio de Severino de Achúcarro, terminado en 1890 con su muy ornamentada fachada de afrancesado neobarroco en el mejor espíritu del eclecticismo burgués. Suntuoso interior donde destaca el ovalado salón de actos y la sala de lectura. El Sitio, creado en 1875 tras la última guerra carlista, buscaba fomentar los valores de la Ilustración a través de una gran actividad cultural traducida en tertulias, conferencias y una generosa biblioteca.

Museo Vasco de Bilbo

EN LA CALLE DE LA CRUZ, EN PLENO CASCO VIEJO de Bilbo y en medio del contenido claustro de San Andrés, está el ídolo de Mikeldi, ese verraco de una pieza, en piedra arenisca, cuyas patas abrazan un disco desde la segunda Edad del Hierro. Es la imagen de marca del Museo Vasco. Sus fondos y exposiciones temporales permiten una sustanciosa incursión en el modo de vida de los vascos a lo largo de su vieja historia.

Edificio

El Colegio de San Andrés, de 1624, fue la primera fundación de los jesuitas en Bilbo. Edificio clasicista, su austeridad se refleja en el claustro de tres plantas de claro porte herreriano. Tras la expulsión de la compañía tuvo diferentes usos, desde Casa de la Misericordia hasta Audiencia Provincial.

Maqueta de Bizkaia

En la última planta se encuentra instalada esta gigantesca maqueta del territorio de Bizkaia realizada a escala 1:5.000 ofreciendo una extraordinaria visión de conjunto. En la misma planta la reconstrucción de una sala del Consulado de Bilbo creado en 1511 para reforzar la cofradía de mercaderes.

Iglesia de los Santos Juanes

Coetánea del Colegio de San Andrés, sede del Museo Vasco, fue la primera iglesia que los jesuitas levantaron en Bilbo en 1624. Como resulta habitual en la arquitectura de la compañía, sigue el modelo de Il Gesú de Roma. Obra de Martín Ibáñez de Zalbidea, es una de las más interesantes de la secuela postherreriana, uno de los escasos ejemplos del estilo manierista en tierra vasca. Especialmente su portada.

Arqueología, etnografía e historia

En las tres plantas del Museo se recoge una panorámica visión del modo de vida de los vascos desde la prehistoria a través de la arqueología y la etnografía: laudas funerarias, heráldica, cultura pastoril, el mar y los vascos, muestras de cerámica, las armas, el arte de tejer el lino...

INFORMACIÓN
Tel. 944 15 54 23
www.euskal-museoa.org

Bilbo y su ría

NO HACE TANTO TIEMPO QUE LOS BUQUES LLEGABAN hasta los muelles de Uribitarte, Ripa y el mismo Arenal de Bilbo, ciudad que creció al compás del ritmo marcado por la ría del Nervión. A sus márgenes se ha venido asomando lo sustancial de Bilbo: el Casco Viejo, el salón urbano del Arenal, el Ayuntamiento, la Universidad de Deusto, los astilleros...
Y en este Bilbo renovado ocurre otro tanto con el Museo Guggenheim, el Palacio Euskalduna o el futuro espacio de Abandoibarra.

De San Antón a El Arenal

Es uno de los tramos más característicos de la ría. En sus márgenes se suceden el puente y la iglesia de San Antón, el mercado de la Ribera, con su perfil de barco fondeado, la elegante pasarela de la Ribera, el formidable Teatro Arriaga y la vistosa estación *art decó* del ferrocarril a Santander.

Pasarelas y paseos

Se renueva el entorno de la ría. Es el caso del paseo de Abandoibarra, entre el Guggenheim y el Palacio de Euskalduna. A los tradicionales puentes de El Arenal y Deusto se suman ahora la pasarela de Abandoibarra, con 140 metros de luz, y la de Calatrava, de atrevido arco y pavimento de cristal.

Ayuntamiento

Al extremo del puente y junto al Campo del Volantín, el ayuntamiento de Bilbo es un edificio de marcado acento francés, al estilo *Beaux Arts,* con la gran columnata central y la torre de remate. Es obra de Joaquín Rucoba inaugurada en 1892. Dentro destaca el exótico Salón Árabe, en estilo nazarí.

Una ría con historia

En un meandro del río Ibaizabal, junto a un vado natural, nació Bilbo en 1300 fundada por Diego López de Haro, señor de Bizkaia. Puerto comercial a 14 kilómetros del mar, la ría era su cordón umbilical. Siglos después, la revolución industrial también tuvo en la ría un protagonista principal: salida del mineral de hierro, asentamiento y desagüe de las siderurgias vascas, sede de una potente industria naval. Ahora los muelles se han trasladado al puerto exterior, y la ría queda como una suerte de calle mayor de la ciudad.

El Arenal

La contenida fachada de la iglesia de San Nicolás, respaldada por la estética maquinista del ascensor de Begoña que guarda su espalda, y el barroco extremo del Teatro Arriaga marcan los extremos de este espléndido salón urbano ajardinado. Antiguo arrabal de pescadores, entre sus fuentes, alrededor del kiosko de música y bajo los grandes árboles discurren buena parte de las actividades festivas de la ciudad.

San Nicolás

A caballo entre un medido barroco y el incipiente neoclasicismo, es iglesia de fuerte presencia urbana, con su fachada a modo de gran pantalla rematada por dos torres, la espadaña con el reloj y el potente tambor de la cúpula. Fue construido a mediados del siglo XVIII por Ignacio de Ibero.

Teatro Arriaga

Inspirado en la Ópera de París, el Teatro Arriaga de Joaquín Rucoba es uno de los más notables edificios de Bilbo. En forma de herradura, la extraordinaria fachada principal, con su zona central convexa exprime todas las posibilidades del barroco tan al uso en los teatros centroeuropeos del momento.

Jardines

Robles, plátanos, castaños y acacias proporcionan una acogedora sombra que refuerzan las fuentes que se distribuyen por el jardín. El Kiosko de la Música posee una extraordinaria acústica que la banda municipal aprovecha todos los domingos. Su estética modernista se debe a Pedro de Ispizua.

Basílica de Begoña

Sobre una ermita primitiva se construyó en el siglo XVI la basílica de Begoña, cuya Virgen es patrona de Bizkaia desde 1903. Se trata de un templo de tres naves sin crucero con bóvedas de crucería. Contaba con una portada principal a modo de arco de triunfo manierista destruida en 1835 durante el sitio de Bilbo por los carlistas. La actual fachada a los pies y torre fueron proyectadas por José María Basterra y realizadas a principios del siglo XIX.

INFORMACIÓN
www.basilicadebegona.com

Guggenheim

ENTRE METALES ANDA EL JUEGO Y, FINALMENTE, EL TITANIO se ha impuesto al hierro que corría por las venas del Nervión. Diseñada y ejecutada por Frank O. Gehry, inaugurada el 19 de octubre de 1997, esta extraordinaria y sorprendente escultura transmutada en edificio-museo, un artificio de diseño arquitectónico llevado a su límite, es el símbolo por excelencia del Bilbo del siglo XXI, su principal motor como atractivo turístico.

Mágico interior

En torno al atrio, un sistema de pasarelas curvas, ascensores acristalados y torres de escaleras conecta las 19 galerías que combinan espacios clásicos con otros de proporciones y formas singulares. Esta riqueza y variedad de espacios proporciona al museo una versatilidad excepcional.

Titanio esculpido

Edificio esculpido, se compone de diferentes volúmenes, ortogonales de piedra caliza unos, curvados o retorcidos y revestidos por una piel metálica de titanio otros. Entre ellos muros-cortina de vidrio que proporcionan transparencia al edificio. El atrio que articula el edificio se cubre con un lucernario en forma de "flor metálica". En definitiva, todo.

Un versátil museo

Además de su colección permanente, el Guggeheim de Bilbo ofrece importantes exposiciones temporales así como una gran diversidad de acontecimientos.
El atrio acoge toda suerte de presentaciones empresariales y actos culturales mientras que el auditorio, con 300 localidades ofrece conferencias, proyecciones y actuaciones artísticas.
Mención aparte merece la cafetería y el restaurante que ofrece barra con tapas, menú del día y una carta que se ha convertido en referencia gastronómica indispensable en Bilbo.

INFORMACIÓN
Tel. 944 35 90 80
www.guggenheim-bilbao.es

Colección permanente

En 19 galerías se expone la colección compartida del Museo Guggenheim que abarca también los fondos pertenecientes al Solomon R. Guggenheim Museum y a la Peggy Guggenheim Collection. Cuentan con obras de algunos de los artistas más significativos del arte de la segunda mitad del siglo XX.

Museo de Bellas Artes

EN EL PARQUE DE DOÑA CASILDA ITURRIZAR, EL MUSEO de Bellas Artes de Bilbo es una de las pinacotecas más importantes de España. Ahora, a la sombra del éxito del vecino Guggenheim, vive un periodo extraordinario reflejado en los 200.000 visitantes que recibe anualmente. Su colección resulta extraordinaria, magistral la muestra de obras del gótico español. Además, periódicamente organiza importantes exposiciones temporales.

Edificio

Simétrico y compacto edificio de inspiración clásica con una muy cuidada fábrica de ladrillo diseñado por Fernando Urrutia y Estanislao Segurola en 1940. El gran vestíbulo organiza el interior. Posteriormente se realizó una ampliación, de estilo nítidamente diferenciado, unida por una galería acristalada.

Arte vasco

Uno de los capítulos con mayor personalidad del museo es la muy completa colección de obras de importantes pintores vascos como Aureliao Arteta, Adolfo Guiard, Darío Regoyos, Ignacio Zuloaga o Francisco Iturrino. También se cuenta con valiosas piezas de Jorge Oteiza y Eduardo Chillida.

Una excelente colección

Más de 6.000 obras reúne la colección permanente del Museo de Bellas Artes permitiendo un recorrido plástico desde el siglo XII hasta la actualidad. Cuatro secciones organizan los fondos: arte antiguo, arte contemporáneo, arte vasco y el añadido de pequeñas colecciones de artes aplicadas.

INFORMACIÓN

Tel. 944 39 60 60

www.museobilbao.com

Parque de Doña Casilda Iturrizar

Al final de la Gran Vía, es uno de los espacios urbanos de mayor calidad y más frecuentados en Bilbo. Frondosas y coníferas rodean el magnífico estanque de este pintoresco parque anglosajón realizado en la segunda década del pasado siglo por Ricardo Bastida y el ingeniero Juan de Eguiraun. Diez años después se construyó la elegante pérgola de aire barroco rodeando un alegórico monumento dedicado a doña Casilda, obra de Agustín Querol. El recinto está salpicado de esculturas que homenajean a diversos personajes.

Ensanche

Sobre la meseta de Abando Severino de Achúcarro, Pablo Alzola y Ernesto Hoffmeyer proyectaron en 1876 el Ensanche de Bilbo. Una ordenada red de plazas y calles, y la calidad de sus arquitecturas, entre el eclecticismo más depurado e importantes incursiones por el racionalismo hacen de él uno de los recorridos más interesantes de Bilbo. El contrapunto del Casco Viejo, tan animado como aquél en sus comercios y sus generosas barras.

Teatro Campos Elíseos

La *bombonera* se levantó en 1902 en un solar de diversiones al aire libre que llamaban Campos Elíseos. Obra de Alberto Acebal y decorada por Darroguy, es el mejor ejemplo del *art noveau* en Bilbo gracias a su original portada modernista.

Plaza Circular

Concentra en su entorno próximo un buen número de los edificios emblemáticos de Bilbo: la estación de Abando, la Sociedad Bibaína, el monumental edificio del Banco Hispanoamericano, el *art decó* de la estación de Santander, la neogótica iglesia de los jesuitas, la Quinta parroquia...

Jardines de Albia

Tranquilos jardines de frondoso arbolado con la escultura de Benlliure dedicada al escritor Antonio Trueba. Justo al lado, se encuentra la iglesia de San Vicente Mártir, del siglo XVI, con un imponente interior. La Alameda de Mazarredo y Colón de Larreategui ofrecen un buen muestrario de arquitectura residencial.

Racionalismo y eclecticismo burgués

Además de su extraordinario trazado, el ensanche de Bilbo se caracteriza por una muy interesante arquitectura. A título de ejemplo, el modernismo de la casa Montero, de Luis Aladrén, en la

Alameda de Recalde; el regionalismo historicista de las casas de Ramón de la Sota, obra de Manuel María Smith; el soberbio edificio de Correos, de Zuazo, entre la tradición y la modernidad; el clasicismo nórdico del edificio de la naviera Aznar, de Galíndez; la sorprendente Alhóndiga de Ricardo Bastida. Y un estupendo rosario de edificios racionalistas.

Gran Vía

SOBRE LA COLUMNA CENTRAL DEL MONUMENTO que centra la plaza Circular, Mariano Benlliure talló en 1890 la efigie de don Diego López de Haro, el fundador de la villa de Bilbo. A sus pies y hasta el monumento que Coullaut Valera dedicara al Sagrado Corazón se extiende la Gran Vía de Bilbo, una de sus más animadas arterias. Bancaria y comercial en su primer tramo, hasta la plaza de Moyúa, esencialmente residencial en el segundo.

Palacio de la Diputación

Construido por Luis Aladrén, es uno de los mejores ejemplos de la arquitectura ecléctica en España. Extraordinaria riqueza en la profusa ornamentación de la fachada, resaltada por las farolas de Darroguy. Soberbia escalera imperial, vidrieras, esculturas y frescos de Guinea en su interior.

Plaza de Moyúa

Plaza de trazado barroco en forma de estrella cuyos parterres siguen la geometría de las calles. En ella hay notables edificios, como el magnífico ejercicio neorrenacentista de tradición flamenca del palacio Chavarri, la composición segundo imperio del hotel Carlton o el edificio La Aurora.

MONASTERIO DE SAN JOSÉ (Derio). Tel. 944 54 13 66
Convento moderno y sólido que dispone de comodidades aunque con austeridad monacal. Los huéspedes tienen libertad para hacer con su tiempo lo que deseen siempre y cuando respeten los horarios de la comunidad. *(Ver pág 134)*.

Palacio Euskalduna

Inaugurado en 1999, es el contrapunto del Museo Guggenheim en el otro extremo de Abandoibarra. Ocupa el solar vacante del desaparecido astillero Euskalduna, dato que dio pie a su formalización: un buque varado, con el gran volumen de acero que lo identifica. Obra de Federico Soriano y Dolores Palacios,

este gran complejo de 50.000 metros cuadrados funciona como Palacio de Congresos, además de alojar la Orquesta Sinfónica de Bilbo y los festivales de la ABAO. El auditorio, de gran expresividad formal, tiene capacidad para acoger a 2.000 personas.

Universitaria Deusto

DEUSTO FUE ANTEIGLESIA O REPÚBLICA INDEPENDIENTE del municipio de Bilbo. Ahora es un populoso barrio al otro extremo del puente. Alguna villa, como el chalet Bidarte, recuerda el veraneo de la burguesía bilbaína en el siglo XIX. Su especialización universitaria es notable, gracias sobre todo a la universidad regentada por los jesuitas desde 1886. A este lado de la ría, el titanio del Guggenheim luce espectacularmente.

Universidad de Deusto

Imponente fachada frente a la ría de la Universidad Literaria, con sus tres cuerpos rematados por frontones. Obra de

Francisco de Cubas y José María Basterra, en 1916 se levantó el edificio anejo de la Universidad Comercial. En su interior destacan el paraninfo, la capilla gótica y la biblioteca.

Puente de Deusto

Inaugurado en 1936, era volado unos meses después. Su principal característica es su estructura levadiza, que hoy sólo se abre en ocasiones puntuales; pero, años atrás, sus hojas se elevaban hasta una docena de veces al día. Supuso el inicio de la expansión de Deusto y el final de su pasado agrario.

San Pedro

Fundada en el siglo XIV y reformada en el XVI, es el único resto de la república de Deusto, junto con los restos de la torre de Larrako, en el parque de Sarriko. De estilo gótico tardío y sencilla estructura de una sola nave con contrafuertes y ventanales ojivales. Torre rematada por cúpula y linterna.

Campo de Volantín

La Esfera de Oteiza, frente al Ayuntamiento, marca el arranque del paseo del Campo de Volantín. Construido en 1863 y reformado en 1878 discurre por la orilla derecha de la ría, con sus hileras de robustos árboles, hasta la plaza de la Salve,

donde los marineros la cantaban a la vista ya de la basílica de Begoña. Antigua zona residencial ajardinada con pequeños palacetes y chalets de los que el palacio Olábarri es buena muestra. Muy cerca sale el funicular de Artxanda, y a medio paseo está la pasarela Zubizuri, de Santiago Calatrava.

INFORMACIÓN
Tel. 944 13 90 00

Vivir Bilbo

Cafés
Parte del ser de Bilbo ha residido en sus cafés. Desaparecieron muchos, pero todavía quedan algunas verdaderas joyas como el Boulevard, en El Arenal, pequeña joya del *art decó,* el Iruña, en los Jardines de Albia, o La Granja, que todavía se mantiene en la plaza Circular.

A pie de barra
El chiquiteo es parte sustancial del acervo colectivo de Bilbo. Y la degustación de la microgastronomía de los pinchos. Jardines y la calle del Perro en el Casco Viejo, Licenciado Poza y Rodríguez Arias en Indautxu y Ledesma por Abando son algunos de sus templos.

Funicular de Artxanda
El 7 de octubre de 1915 realizó su primer viaje el funicular de Artxanda. Desde entonces es una tradición salvar los 226,5 metros de desnivel y encaramarse en lo alto para pasear, disfrutar de la oferta gastronómica o capturar las mejores vistas del "bocho".

Aste Nagusia
En agosto se quema la Marijaia. Y, de paso, buena parte de Bilbo. Durante una intensa semana las *txosnas* se despliegan por el Arenal, epicentro del festejo. El Casco Viejo es el escenario principal, pero toda la ciudad se impregna de fiesta.

Un paseo por la ría
Una forma de entender cabalmente Bilbo es dar un paseo por la ría, su columna vertebral y la de su entorno metropolitano hasta el Abra. Para ello un pequeño barco de 60 plazas, el Txinbito, organiza excursiones desde el centro de Bilbo hasta Getxo o Santurtzi.

Bilbo la noche
La vida nocturna de Bilbo crece y mejora al ritmo de la ciudad. En fin de semana, por contraste con el resto de los días laborables. Hoy por hoy ofrece todo tipo de ofertas muy distribuidas por la ciudad en una noche que fácilmente se prolonga hasta el amanecer.

San Mamés

Un partido de fútbol en "la catedral" es algo más que 22 señores empujando un balón con mayor o menor salero. En partidos con solera, ya sea el *derby* o cuando visita San Mamés alguno de los grandes, el ambiente es extraordinario. Dentro y fuera del campo.

Un paseo en tranvía

Bilbo ha reinventado el tranvía. Tiene su punto de origen en Atxuri, junto a las Siete Calles, y circula junto al Teatro Arriaga, Uribitarte, el Guggenheim y el Palacio Euskalduna. Es un buen modo de ojear cómodamente algunos de los puntos más representativos de Bilbo.

Toros en Vista Alegre

Coincidiendo con la Aste Nagusia tiene lugar la feria taurina de Bilbo en la plaza de toros de Vista Alegre. Tiene fama de feria seria, exigente. Es muy grato el ambiente, y las tertulias, que se llevan a cabo en hoteles como el Carlton y el Ercilla.

Santo Tomás

El 21 de diciembre, festividad de santo Tomás, se celebra en el Casco Viejo de Bilbo un animado y festivo mercado por el que merece la pena dejarse caer. Todo lo que da la tierra tiene su hueco en los innumerables puestos. La afluencia de gente es extraordinaria.

Mesa y mantel

Comer bien en Bilbo es tarea fácil. Más difícil será decidirse por alguna de las innumerables opciones que se presentan, desde la sabrosa cocina tradicional del pil-pil y el chuletón a la mucho más sofisticada de autor; del asador al restaurante de culto.

Foie caramelizado
sobre crema de cebolleta

Minas en La Arboleda

En la margen izquierda del Nervión, el funicular de La Reineta sube desde Trapagarán y deja a dos kilómetros escasos de La Arboleda, poblado minero de los tiempos en que el rubio mineral vizcaíno se extraía de las minas. Es este de los montes de Triano un paisaje inventado por el hombre, los tremendos cráteres de las minas a cielo abierto que, en desuso, el agua de la lluvia ha convertido en pacíficas lagunas.

Minas convertidas en lagos

Cerradas desde hace 25 años, las antiguas minas, profundos pozos como el Ostión o los Cármenes, se han encharcado. A falta de mineral y mineros ahora son frecuentadas por pescadores al acecho de las carpas. Un centro de interpretación ambiental en Peñas Negras informa cumplidamente.

La Arboleda, población minera

La Arboleda traslada al duro tiempo de la minería a cielo abierto. Las viviendas, algunas de madera, son únicas en Bizkaia. También quedan en pie las viejas escuelas, y el teatro, que luego se hizo cine. En 1970 cerró la casa cuartel de la Guardia Civil ahora ocupada por viviendas particulares.

Funicular de La Reineta

Construido en 1926 para subir mineros y material hasta las minas, el funicular acortaba el viaje en hora y media.

Se tardan diez minutos en superar el kilómetro largo y el desnivel del 35 por ciento entre La Reineta y La Escontrilla. Las vistas sobre la desembocadura de la ría en el Abra son espectaculares.

Minería del hierro en Bizkaia

La invención del método Bessemer para obtener acero abrió la puerta a la revolución industrial en Bizkaia. Mano de obra barata, condiciones inhumanas de vida y explotaciones a cielo abierto indujeron al capital inglés a buscar en la veta de Somorrostro el mineral necesario para sus siderurgias. A finales del XIX había más de 150 explotaciones con 9.000 mineros.

INFORMACIÓN
Tel. 946 33 80 97
www.bilbaoweb.com

Puente Colgante

El Puente Colgante o de Bizkaia es la imagen más representativa del empuje económico e industrial de Bizkaia en el tránsito del siglo XIX al XX. Obra del arquitecto Alberto Palacios en colaboración con Ferdinand Arnodin, fue el primer puente transbordador del mundo. Arquitectura audaz, revolucionaria y desnuda, fue durante mucho tiempo la imagen de marca de Bizkaia. Hasta que llegó el Guggenheim. *Tempus fugit.*

Portugalete

El pequeño y cuidado casco de Portugalete trepa desde la plaza con su kiosko, el rehabilitado hotel, el Ayuntamiento y la casa Bustamante. En lo alto la gótica basílica de Santa María y la torre de Salazar. El muelle de hierro que avanza sobre el Abra proporciona un bonito paseo.

La unión de dos márgenes

Inaugurado el 28 de julio de 1893 permitió conectar la villa de Portugalete con Algorta permitiendo el intenso tráfico de buques. Su larguero de 160 metros de longitud se apoya sobre dos torres de 61 metros de altura. La barquilla está habilitada para transportar peatones y automóviles.

Un paseo por el puente

Cuando Antonio Palacios trazó el Puente Colgante contempló la posibilidad de poder pasear por su larguero. En 1999 se instalaron unos ascensores panorámicos que permiten acceder previa reserva. Desde este punto, las vistas de ambas márgenes del Nervión-Ibaizabal y del Abra son inigualables.

INFORMACIÓN
Tel. 944 72 93 14
www.puente-colgante.com
www.asociacionesportugalete.org

Santurtzi y castillo de Muñatones en Muskiz

El monumento a la sardinera refleja bien la esencia de Santurtzi, pueblo marinero crecido a la sombra del Serantes. Pasear por el puerto pesquero y degustar sus legendarias sardinas es un acto de culto. El castillo de Muñatones es un torreón almenado, rodeado por dos circuitos de murallas, el externo con torretas en ángulos y foso. Es el único castillo medieval de Bizkaia.

Getxo esencial

Neguri
Exclusivo reducto que fue de la gran burguesía vizcaína, las grandes mansiones presentes en Areeta alcanzan aquí su clímax de la mano de los mejores arquitectos de finales del siglo XIX y principios del XX. Basta asomarse a la casa de campo Rosales, en el paseo del Puerto.

Andra Mari
Fue en Santa María donde surgió, en el siglo XIII, el primer núcleo de Getxo. De la primitiva iglesia apenas se conservan algunos restos. El templo actual es barroco y en su interior se guarda una talla de la Virgen con el Niño de transición gótico-renacentista.

Punta Galea
Sobre la playa de Arrigunaga, a un paso de la estación de metro de Bidezabal, Punta Galea se mantiene excepcionalmente virgen. Galea viene a querer decir acantilado y hace recordar los blancos roquedos de gres de Dover y Normandía, en el Canal de la Mancha.

Puerto deportivo
Dos puertos tiene Getxo. El tradicional Club Marítimo del Abra, en Areeta, a la sombra de la estatua de Evaristo Churruca y el nuevo puerto deportivo junto al espigón de Arriluze. Con 755 amarres pasa por ser uno de los mejor equipados en todo el Cantábrico.

GETXO ES UNA EXCEPCIÓN, UN PARAJE SIN DUDA irrepetible. Asomada al Abra, configura el modelo de ciudad jardín por excelencia con muy altos niveles de calidad. Varios núcleos constituyen el municipio: Areeta, primer asentamiento de verano de la alta burguesía vizcaína; Neguri, tradicional residencia de la burguesía industrial vizcaína; la vieja Algorta de los pescadores, con Punta Galea, en el extremo y, finalmente, Andra Mari, el núcleo rural originario.

El Abra
Ente Punta Galea y Punta Lucero, el Abra es el accidente geográfico más notable de la costa vasca. Tanto por su tamaño como por la magnitud de las obras de ingeniería desde que Evaristo Churruca pusiera en marcha la construcción del puerto de Bilbo a finales del siglo XIX.

Areeta
Copropietaria del Puente de Bizkaia con la vecina Portugalete, desapareció prácticamente su playa, pero cuenta con poderosos atractivos como sus palacetes reina Ana, el Club Marítimo, el paseo de Zugazarte, verdadero parque lineal y el muelle de Evaristo Churruca.

Playas
Desaparecida prácticamente la de Areeta, Getxo cuenta con dos playas: Ereaga y Arrigunaga. Ereaga es la mayor, mientras que Arrigunaga se recuesta en los acantilados de la Galea. Son playas más dadas al paseo que al baño, dados los elevados índices de contaminación.

Algorta
Algorta fue pueblo de pescadores. De aquello queda el Puerto Viejo, lleno de encanto y milagrosamente intacto. Y la avenida Basagoiti, antiguo Camino Real que recorre peatonalmente Algorta. Sin olvidar maravillosos miradores sobre el Abra como el parque de Usategi.

Neguri-Areeta

PRIMERO AREETA Y DESPUÉS, Y SOBRE TODO, NEGURI fueron durante décadas mucho más que el simple nombre de un lugar. Era una imagen de marca, la ostentación sin disimulo del modo de vida de la alta burguesía vizcaína. Hoy día los antiguos propietarios han abandonado sus mansiones, pero gran parte de éstas se mantienen en pie y han establecido una pauta de arquitectura selecta, aunque menos espectacular, que se ha mantenido en los espacios públicos.

Zugazarte

El paseo de Zugazarte, en Ondategi, se configura como una verdadero parque lineal definido por su magnífica bóveda

arbolada. Entre esta naturaleza recreada aparecen arquitecturas de primer nivel como la casa Cisco, Itxas Begi, entre lo vasco y lo inglés, Kai Alde o la casa Allende.

Casa del Náufrago

Junto al antiguo puerto de Arriluze, sobre una arcada que hunde sus pilares en el agua y con su aspecto de caserío con faro incorporado, es uno de los edificios emblemáticos de Getxo. Se edificó en 1912 para albergar a la Sociedad de Salvamento de Náufragos formada por pescadores y marineros.

El frente del mar

Desde el muelle de Areeta y el Real Club Marítimo hasta la playa de Ereaga, ya en Algorta, pasando por el paseo de Arriluze, este itinerario concentra buena parte de la arquitectura palaciega cuyo repertorio formal va desde lo neomedieval hasta el regionalismo montañés, pasando por lo neovasco.

Vistosa oligarquía

A finales del siglo XIX y principios del XX la economía vizcaína dio un salto cualitativo. Poco después la neutralidad española durante la Primera Guerra Mundial permitió multiplicar los beneficios a navieros, siderúrgicos y banqueros. Son los grandes apellidos con residencia en Neguri: Chávarri, Gandarias, Echevarria, Ampuero, Sota, Aznar, Lezama Leguizamón... En permanente negocio con Inglaterra, importarían de allí su modelo de organización social y espacial haciendo de Neguri su muy exclusivo barrio.

INFORMACIÓN
Tel. 944 91 08 00
www.getxo.net

Algorta

Elegante zona residencial, bien visible en la avenida Basagoiti, este barrio de Getxo construía en 1627 uno de los muelles de su puerto para refugio de naves y pescadores. Afortunadamente el Puerto Viejo se mantiene intacto, a la vez que Punta Galea, sobre los acantilados, se libra de edificaciones. Es un mirador extraordinario sobre el Abra y el Cantábrico, además de conservar el restaurado molino de Aixerrota y los restos de sus instalaciones defensivas.

Puerto Viejo

En un extremo de la playa de Ereaga y encima del puerto, este diminuto barrio mantiene intacta toda la gracia de sus coloristas casas de pescadores, la pequeña plaza y las empinadas y estrechas callejuelas. Ya no se pesca, pero disfruta de una enorme animación en sus bares y durante la celebración de las fiestas de agosto.

Avenida de Basagoiti

Para más de uno esta avenida arbolada es el espacio urbano más bello de Getxo. Antiguo Camino Real hoy peatonalizado, recorre Algorta desde el Puerto Viejo hasta las grandes villas de Neguri. Cerca se encuentra el parque-mirador de Usategi, con excelentes panorámicas sobre el Abra.

Molino de Aixerrota

Sobre Punta Galea, piramidal, con techo de ramaje y cuatro aspas, es el único de los antiguos molinos de viento de Getxo que continúa en

pie. Fue en 1720 cuando la sequía obligó a sustituir los molinos de agua por otros de viento, similares a los manchegos. Aloja una galería de arte y un restaurante.

ALREDEDORES

Palacio Artaza

En Leioa, sobre el arenal de Artaza, al borde de Getxo, el arquitecto Manuel María Smith levantó esta mansión para el industrial Víctor Chavarri. Corría el año de 1914 y se trata, sin duda, de la más impresionante residencia de la oligarquía financiera vasca. En ladrillo rojo prensado y estilo reina Ana, se asemeja a una gran casa de campo con zona residencial, de servicio y elementos agropecuarios. Actualmente es propiedad del Gobierno vasco, siendo utilizado para alojar personalidades y para la celebración de diferentes eventos.

Plentzia

En 1299 Diego López de Haro desgajó de Gorliz el barrio de Gaminiz y fundó Plentzia. A principios del siglo XX, gracias a su extraordinaria playa, se convirtió en lugar de veraneo preferido para un buen número de familias adineradas de Bilbo que han dejado huella en el bonito casco histórico. La apertura del metro, cuya última parada llega hasta aquí, convierte Plentzia en la playa de Bilbo por excelencia.

Casco antiguo
Bonito y pequeño casco antiguo en el que se alternan casas populares con antiguos palacetes de la burguesía veraneante. Destacan la plaza con la iglesia, el arco de Santiago y el torreón, antiguo ayuntamiento del siglo XVI con portada de medio punto.

Santa María Magdalena
Compacto edificio gótico de dimensiones modestas que destaca por el sólido aspecto de su torre, un prisma cúbico porticado que domina la plaza. En su interior interesante techumbre de carpintería neogótica y relieves de alabastro de origen inglés de siglo XV que escenifican la Pasión.

Puerto y playa
A pesar de contar con puerto deportivo, toda la ría de Plentzia sirve para fondear embarcaciones y botes de pesca artesana. Más ancha, y muy segura, la playa de Plentzia tiene su continuación natural en la de Gorliz, de la que se diferencia con la pleamar. Son 1.000 metros de buena arena muy frecuentada.

INFORMACIÓN
Tel. 946 77 32 10
www.plentzia.org

ALREDEDORES

Playas de Barrika y Sopela
Entre la bahía de Plentzia y la Punta Galea, ya en el Abra, se extiende una serie de atractivas playas a mar abierto: Azkorri, Barinatxe, Arrietara, Barrika, la cala de Meñakoz, la cala de la Cantera... Algunas de ellas son playas nudistas, como la salvaje (Barinatxe), que fue una de las primeras en Bizkaia. Meñakoz es bien conocida por los aficionados a la pesca submarina y el marisqueo. En general son playas de cierto riesgo, con más piedra que arena y azotadas por el mar, aptas para bañistas experimentados.

Gorliz

EN GORLIZ, AL ABRIGO DE LA PEÑA DE ASTONDO, los carpinteros de ribera fabricaban lanchas, bajeles y "venaqueros" destinados al tráfico del mineral de hierro. Ahora es municipio esencialmente turístico que en verano multiplica su población y comparte con Plentzia su hermosa, amplia y resguardada playa. El paseo marítimo y las excursiones que ofrece al filo del acantilado hasta el faro Villano son otros tantos alicientes.

Paseo hasta el faro

Partiendo del magnífico paseo marítimo de Gorliz, un recorrido lleno de atractivos es el que lleva bordeando el acantilado hasta la punta Astondo, Azkorri y el faro de Villano. Con prismáticos pueden contemplarse las gaviotas, los cormoranes y halcones peregrinos que anidan en la isla de Villano.

Santa María de la Concepción

Reedificada a finales del siglo XVIII la iglesia de Santa María de la Purísima Concepción fue fundada por los labradores a comienzos del siglo XI. Consta de una sola nave de cubierta con bóvedas de cañón en la que aparecen altares churriguerescos. La vistosa torre es igualmente barroca.

Ermita de Andra Mari

Cerca de la carretera que va de Plentzia a Mungia se encuentra esta pequeña ermita rural, de fundación románica, aunque el edificio y la torre sean obra del siglo XVI. Es muy original la cubierta de su única nave, configurada como una estructura al estilo de las techumbres medievales inglesas.

INFORMACIÓN
Tel. 946 77 40 00

ALREDEDORES

Castillo de Butrón

En medio de un parque concebido como un bosque se encuentra la fantasía neomedieval del castillo de Butrón. A partir de una antigua torre construida a mediados del siglo XIV, el marqués de la Torrecilla encargó a Francisco de Cubas su restauración. Conservando sólo parte de su muralla, con acceso del siglo XV, levantó el actual castillo romántico, mezcla de torre vizcaína y fortaleza castellana con detalles que evocan el alcázar de Segovia: vistosos torreones angulares y siete plantas con gran diversidad de vanos y motivos decorativos.

Playa de Bakio

ENTRE EL SOLLUBE Y EL JATA SE ABRE LA CUBETA DE BAKIO, un paréntesis entre los acantilados de la costa. Privilegiada posición que crea un microclima caracterizado por las suaves temperaturas y las abundantes lluvias. Bakio cuenta con dos grandes atractivos: la playa, muy concurrida, y el *txakoli*, uno de los más prestigiosos de Euskadi. Amén de hermosas casas de indiano y la ermita de San Pelayo, a escasos metros de San Juan de Gaztelugatxe.

Arquitecturas

Además de la iglesia de la Asunción y los palacios Hormaza y Elexpuru, se levantan un buen número de mansiones. En gran parte es el resultado de la vuelta de los emigrantes que partieron hacia América forzados por la segunda guerra carlista. Resulta curiosa la Fundación Elorduy, con su afrancesado aire de balneario.

San Pelayo

Levantada en el siglo XII, la pequeña ermita de San Pelayo se construyó como alternativa al difícil acceso a la vecina de San Juan de Gaztelugatxe. Conserva casi al completo su estructura y escultura románica y el gran pórtico que, a modo de anteiglesia, rodea por completo el edificio.

Playa y deportes náuticos

Siempre hay olas en la playa de Bakio para practicar el surf. Y varios "picos" para elegir. La marea baja o media es el mejor momento. De arena limpia, muy cuidada, bañada por un mar bravo, es una playa que dispone de todo tipo de servicios, muy concurrida, especialmente los fines de semana.

INFORMACIÓN
Tel. 946 19 33 75
www.bakio.com

ALREDEDORES

Puerto de Armintza

A medio camino de las playas de Bakio y de Gorliz se encuentra el pequeño y antiguo puerto de Armintza. Mantiene su aire de aldea, sobre una diminuta península que se adentra en la ensenada como buscando el mar. Aún se practica la pesca a pequeña escala en Armintza, y conserva las casas de pescadores. Es puerto para navegantes experimentados, de difícil acceso por la mucha piedra y los bajos rocosos del canal de entrada. Pasear hasta el espigón es un atractivo ejercicio para contemplar el juego de las olas con las rocas de la costa.

San Juan de Gaztelugatxe

SOBRE UN PEÑASCO, AL BORDE DE RETORCIDOS ACANTILADOS, la ermita de San Juan de Gaztelugatxe apenas se distingue por su tejadillo rojo sobre el gris de la roca y el verde de la hierba que la rodean. Su origen está envuelto en la leyenda, se sabe que fue una iglesia de los templarios y se cuentan sucesos espeluznantes y prodigiosos acaecidos en ella. Miles de personas acuden a este lugar atraídas por la salvaje belleza del paraje y el misterio que encierra.

La ermita que desafía al mar

Situado en la costa entre Bakio y Bermeo, el promontorio de Gaztelugatxe tiene desde el aire la forma de un ave en vuelo. La ermita, a cuyo entorno se atribuyen unas especiales energías capaces de curar el insomnio, es el único vestigio de vida en esta roca contra la que chocan las olas del Cantábrico.

Mito de los orígenes

Cuentan que una noche de luna llena el apóstol San Juan llegó al vecino puerto de Bermeo. Desde allí, dando tres gigantescos saltos, se plantó en el promontorio donde está la ermita dejando en el camino cuatro huellas de sus pasos y fue él quien mandó construir este pequeño templo al borde del mar.

Los 231 escalones

Un estrecho camino empedrado con barandillas recorre el istmo que une el saliente peñón de Gaztelugatxe con la línea de la costa. En el tramo final hasta llegar a la ermita hay que subir 231 escalones, esfuerzo que encuentra su recompensa en los panoramas que ofrece el lugar.

INFORMACIÓN
Tel. 946 17 91 54
www.bermeo.org
www.bizkaia.net

ALREDEDORES

Cabo Matxitxako

Este desolado roquedo que se adentra en el mar señala el punto más septentrional de la

costa vasca. Abierto a los vientos, sus dos faros han guiado desde antiguo con sus destellos a los navegantes. Entre San Juan de Gaztelugatxe y el cabo se levanta solitario un pequeño monolito blanco. Se trata de un homenaje a los marinos vascos muertos durante la Guerra Civil en un desigual combate entre los pesqueros artillados que tripulaban, cuya misión era escoltar un carguero que debía llegar al puerto de Bilbo, y el acorazado *Canarias*.

Bermeo esencial

Santa Eufemia

Es la más antigua de Bermeo y una de las primeras iglesias de Bizkaia. Su origen está en el siglo XIII aunque su imagen actual responde a las reformas del XV. Monumento nacional, las bóvedas gallonadas crean una hermosa perspectiva en su nave única. Destaca el sepulcro de mármol blanco de los Mendoza.

Puerto pesquero

Hacia el puerto bajan las principales calles de Bermeo y en él se apretujan las casas con sus balcones y miradores. El puerto viejo, cerrado y recoleto, ofrece la imagen colorida de sus barcos y las edificaciones de mayor sabor popular. El mirador de Batzarre es un observatorio privilegiado sobre el mar.

Casco histórico

De las siete puertas que tenía su recinto amurallado sólo se conserva una, el Arco de San Juan. En las callejas estrechas y empinadas, se levantan edificios de piedra como el Ayuntamiento, las iglesias de San Francisco, Santa María y Santa Eufemia o la Torre de Ercilla, sede del Museo del Pescador.

El puerto de Bermeo es el segundo de Bizkaia y el más importante en pesca de bajura de todo el Cantábrico. Hacia este puerto activo y repleto de barcos de colores se asoma la población. Bermeo es villa antigua y de abolengo; en su iglesia de Santa Eufemia los reyes de Castilla y de España cumplían con el rito de jurar respeto a los fueros de Bizkaia. La Torre Ercilla, sobre el muelle, alberga un interesante Museo del Pescador.

Parque de Lamera

Este espacio verde, junto al puerto, es el centro social de la villa. Tiene un magnífico arbolado, parterres, caminos y un hermoso kiosko de música. En uno de sus extremos destacan las caprichosas formas del Casino, un blanco edificio de estilo *belle époque*, construido en 1894 y sede de la Sociedad Bermeana.

Casa Kikunbera

Resulta curiosa en el conjunto de la arquitectura bermeana tradicional esta vivienda de estilo racionalista que con sus colores blanco y rojo destaca entre el arbolado. El nombre de esta casa, *kikunbera* —en español, boca abajo—, responde a una broma local, ya que se accede a ella por arriba.

Fiesta de las Magdalenas

El 22 de julio una multitud de embarcaciones va a la isla de Ízaro, Elantxobe y Mundaka. Se conmemora la regata que disputaron bermeanos y mundaqueses por el islote. Al llegar a éste arrojan una teja como símbolo de que hasta él llegan los tejados de Bermeo.

Claustro de San Francisco

El edificio del convento, fundado en el siglo XIV, ha tenido diversos usos a lo largo de su historia. Actualmente se utiliza como mercado. Contiguo a él, se puede visitar el hermoso claustro de arcos ligeramente apuntados, con suelo empedrado y techo con vigas de madera.

Museo del Pescador

EN LA PLAZA DE TORRONTERO, ASOMANDO SU POTENTE silueta sobre el puerto de Bermeo, se alza la casa-torre de Ercilla. Es la única superviviente de las más de dos decenas de edificaciones que los Parientes Mayores, linajes de la nobleza vasca, poseían en la localidad. Salvada de la piqueta y restaurada, es la sede de un interesante museo dedicado a la historia de la cultura del mar, la evolución de la navegación, la pesca y la construcción naval.

Torre de Ercilla

Sobria en su arquitectura y de potente imagen, esta construcción de finales del siglo XV participa a un tiempo de características defensivas y residenciales. Unas ventanas de arco ligeramente apuntado y la arquería ciega que remata el piso superior son los únicos ornamentos de sus gruesos muros de piedra.

Un recorrido por el museo

La vida en el litoral, la pesca y las embarcaciones son las tres secciones básicas del museo. Las dos primeras son de carácter básicamente histórico y etnográfico; en la tercera, de gran interés, puede seguirse la evolución de la construcción naval, una actividad que tuvo gran relieve en Euskadi.

Merluzas, las de Bermeo

La fama de los pescadores bermeanos en la captura

de la merluza ha sido siempre proverbial. Los mejores ejemplares del Cantábrico salían de sus barcos y se subastaban en su lonja. En la retaguardia, las bermeanas, al frente de los fogones, preparan como nadie este delicioso pescado en salsa verde.

INFORMACIÓN
Museo del Pescador
Tel. 946 88 11 71
Oficina de Turismo
Tel. 946 17 91 54
www.bermeo.org
www.bizkaia.net

La caza de la ballena

Un esqueleto de ballena ocupa una sala del Aquarium de Donostia; los ondarreses relacionan la imagen del puente de Calatrava en su población con la silueta de una ballena; pescadores de Getaria y Zarautz mantuvieron una pugna histórica por la posesión de un cetáceo... Desde la Edad Media los *arrantzales* vascos se especializaron en la peligrosa caza de ballenas, un animal del que se aprovechaba la carne, la grasa, la piel y hasta los pelos de la barba. El Museo del Pescador

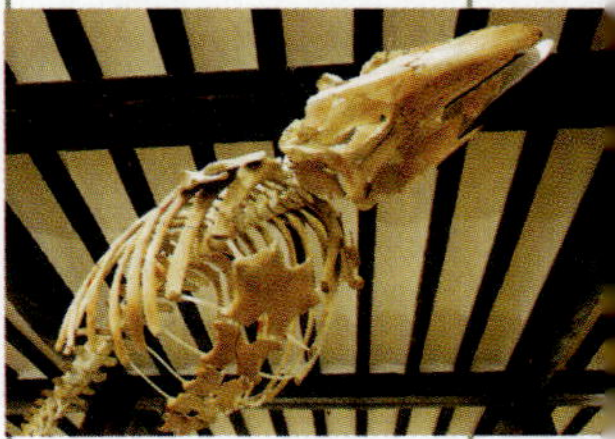

ilustra sobre esta historia y sobre la reconversión de sus protagonistas en pescadores de altura y de bajura.

Mundaka

LA POBLACIÓN QUE DA NOMBRE A LA RÍA SE encuentra junto a su desembocadura. Mundaka, bella y bien conservada, cuenta con casas de piedra blasonadas, edificios *belle époque* y viviendas de veraneo. Hay en su entorno buenas playas, agradables paseos, jardines cuidados y miradores sobre el mar. En el centro se abre el puerto con sus barcos de colores. Los aficionados al surf consideran las olas de Mundaka entre las mejores del mundo para la práctica de su deporte favorito.

La Atalaya y Santa Catalina

Estas dos pequeñas penínsulas son otros tantos miradores que se adentran en el mar y cobijan el puerto. En el promontorio de la Atalaya despunta la iglesia de Santa María y en su entorno las calles más pintorescas de Mundaka. La ermita de Santa Catalina se alza solitaria junto a los restos de un fortín.

Casco antiguo

A cuatro pasos del puerto y de la plaza de la iglesia, la calle Mayor y las que se despliegan en torno a ella

concentran la animación ciudadana y son su mejor escaparate. Aquí vemos el edificio del Casino, el hotel Atalaya, el palacio Larrínaga y el de Kurutziaga.

La ola izquierda de Mundaka

Surfistas de todo el mundo acuden con sus tablas a Mundaka. Un fondo de arena y una playa abierta favorecen la formación de la famosa ola izquierda, larga y hueca que los surfistas abordan en marea baja. En ocasiones los más avezados pueden llegar sobre la cresta hasta la playa de Laida al otro lado de la ría.

ALREDEDORES

Isla de Ízaro

Equidistante de Mundaka y Bermeo, este atolón fue objeto de disputa entre las dos poblaciones. Un buen día remeros de Mundaka y Bermeo decidieron jugarse en una regata la posesión del islote. Tan igualadas llegaron las dos embarcaciones que la decisión quedó en manos del juez de Elantxobe quien otorgó la victoria a los bermeanos. Éstos cada año festejan el 22 de julio su triunfo con una excursión marítima.

INFORMACIÓN
Tel. 946 17 72 01
www.urdaibai.org
www.bizkaia.net

Urdaibai, reserva de la biosfera

Este espacio natural se extiende en el entorno de Gernika desde el cabo Matxitxako hasta el de Ogoño, en la costa, y se adentra hacia el interior de Bizkaia englobando un total de 22 municipios. En total abarca un área de 220 kilómetros cuadrados de muy variados paisajes y hábitats. Poblaciones costeras, zonas de marisma en torno a la ría, aldeas con hermosos caseríos, bosques, áreas de pasto y cuevas prehistóricas crean un atractivo reclamo para los viajeros.

Un paisaje diverso

Arenales y limo forman el ecosistema de marisma de la ría que va desde Gernika hasta el mar. En sus orillas, Sukarrieta, Busturia, Mendata, Ereño, Nabarniz y Kanala son núcleos con gran sabor y excelentes vistas. Hacia el interior, las manchas de bosques se reparten las laderas con los prados y tierras de labor.

Humedales y aves migratorias

Una de las riquezas ecológicas de Urdaibai es la abundancia de las aves que la habitan. Las marismas generan gran cantidad de invertebrados, moluscos y crustáceos que dan alimento a las aves migratorias. Los pasos de éstas se realizan principalmente en los meses de septiembre-octubre y en abril-mayo.

Entorno de la ría

La ría de Mundaka discurre trazando curvas y meandros. En las zonas más próximas a las aguas crecen cañaverales y carrizos; más allá hay una diversidad de arbustos y árboles de ribera, pinos y algunas encinas y hayas. Se trata de un paisaje fuertemente humanizado.

Reserva de la biosfera

La variedad de sus terrenos y paisajes, la riqueza de vegetación y fauna y la relativamente buena conservación del entorno llevaron a la UNESCO a declarar en 1984 a Urdaibai reserva de la biosfera. Esta declaración frena el avance de actividades contaminantes y claramente perjudiciales. En Urdaibai, gracias a esta protección, se pueden encontrar zonas casi vírgenes y se mantiene un tipo de construcción respetuoso con el medio.

INFORMACIÓN

Instituto Oceanográfico
Tel. 946 87 07 00
Centro de Interpretación Rural de Mendata
Tel. 946 25 72 04
Taller de la Naturaleza de Errogoiti
Tel. 946 25 41 90
Oficina de Turismo
Tel. 946 25 58 92
www.urdaibai.org
www.gernika-lumo.net

Gernika esencial

Árbol de Gernika

Las Juntas Generales de Bizkaia se reunían en un robledal. Con el tiempo, se mantuvo la tradición de hacerlo en torno a un viejo roble ante el que también el rey de Castilla juraba respetar los fueros. El roble plantado en 1860 frente a la tribuna ha sido sustituido por uno nuevo en febrero de 2005.

Parque de los Pueblos de Europa

Junto al centro de la villa se visita desde 1991 este espacio verde. Senderos, estanques, árboles y arbustos hacen de él un agradable lugar de paseo. En un extremo se levantan dos grandes esculturas: *Gran figura en un refugio,* del británico Henry Moore, y *La casa de nuestro padre,* de Eduardo Chillida.

El mercado de los lunes

La tradición del mercado semanal de Gernika se remonta a 1366, fecha de la carta de fundación de la villa. La población creció como plaza comercial. Una vez al año, el último lunes de octubre, se celebra una multitudinaria feria agrícola.

Casa de Juntas

Donde se encontraba la ermita "juradera" se levantó en 1826 un edificio neoclásico. El conjunto reúne la sala de juntas, con una galería de retratos, una vidriera ornamental, la tribuna donde se realizan actos protocolarios y el templete redondo que cobija el viejo tronco de roble.

ESTA POBLACIÓN VIZCAÍNA REMITE A UNA HISTORIA cargada de simbolismo para los vascos. En ella se encuentran el Árbol de Gernika y la Casa de Juntas donde desde la Edad Media se reunían en las Juntas Generales los representantes de Bizkaia. Tras el bombardeo de la población por la aviación de Hitler en 1937, buena parte del casco urbano tuvo que ser reconstruida. La ría de Mundaka constituye un entorno natural y paisajístico del mayor interés.

Museo de Euskal Herria

Por medio de paneles, documentos, cuadros, dibujos, mobiliario y objetos este museo dedica su espacio a la historia y la cultura del pueblo vasco. Hay una buena representación de artistas vascos. El edificio que lo alberga es el palacio de Montefuerte, construido en 1773, rodeado de un hermoso jardín

Plaza de los Fueros

En el centro de la población, en este espacio porticado reconstruido tras el bombardeo de 1937, se encuentra el Museo de Gernika, dedicado a la historia de la villa. Además de las exposiciones temporales, el contenido del museo está centrado en la paz, con una reproducción facsímil del cuadro de Picasso.

Iglesia de Andra Mari

Es el monumento más antiguo de Gernika. Superviviente al bombardeo, este templo gótico se inició en 1418 y se concluyó en 1715. Sobresalen en el exterior la portada abocinada y la torre en forma de triple espadaña. Del hermoso interior cabe destacar un magnífico órgano de la firma Walcker.

Frontón Jai Alai

Gernika es la capital de la especialidad de la cesta punta y el nombre del frontón en que se juegan los más emocionantes partidos se traduce por "fiesta alegre". El gran edificio racionalista que lo alberga fue construido por Secundino Zuazo. En su fachada ciega destaca la escultura de un pelotari.

Casa de Juntas

Los asuntos comunes del Señorío de Bizkaia eran tratados por los representantes reunidos en Juntas en la ermita de Santa María. En la primera mitad del siglo XIX se levantó la Casa de Juntas, sede de las Juntas Generales de Bizkaia hasta la abolición de los Fueros en 1876. Tras la recuperación de la Autonomía y los Fueros en 1977, la Casa de Juntas acoge actos institucionales como la toma de posesión del Lehendakari o del Diputado General de Bizkaia.

Árbol de Gernika
Un templete circular rodea un tronco de roble milenario que simboliza la tradición. Frente a la tribuna, se plantó en 1860 un roble que sustituyó a uno anterior que contaba 200 años. Recientemente, en febrero de 2005, se ha plantado uno nuevo, un *quercus robur,* que tiene 19 años y 12 metros de altura.

La historia de Bizkaia en una vidriera
El patio original de la Casa de Juntas se cubrió y transformó con el tiempo en sala de recepción donde se muestra a los visitantes una vidriera de 235 metros cuadrados, realizada en 1985. En ella se da una visión de la historia de Bizkaia. En torno al Árbol aparecen representados los principales monumentos vizcaínos.

Edificio neoclásico
El edificio, coronado por una cúpula cubierta por tejado y adosado a una tribuna con columnas, se debe al arquitecto Antonio de Etxebarria. En la Sala de Plenos, en forma de elipse, están representados en 26 cuadros los señores de Bizkaia y, sobre ellos, carteles con las fechas de la jura de los Fueros.

INFORMACIÓN
Museo de Gernika
Tel. 946 27 02 13
Museo de Euskalerria
Tel. 946 25 54 51
Casa de Juntas y Árbol de Gernika
Tel. 946 25 11 38
Oficina de Turismo
Tel. 946 25 58 92

La Ruta Juradera
La Ley del Fuero de 1452 establecía que el rey de Castilla, primero, y de España a partir de 1492, en su calidad de señor de Bizkaia, debía jurar respetar "los privilegios, usos y costumbres, franquicias y

libertades" garantizados por la ley al pueblo vasco. La ceremonia se repetía en cuatro lugares: en las puertas de Bilbo, en la iglesia de Larrabetzu, bajo el Árbol de Gernika y en Santa Eufemia de Bermeo. Los cuatro puntos forman parte de La Ruta Juradera. Las iglesias de Larrabetzu y Bermeo figuran entre las más antiguas y valiosas de Euskadi.

Oma y Santimamiñe

La pequeña localidad de Kortezubi se encuentra en la margen derecha de la ría de Mundaka. En el municipio están presentes dos manifestaciones artísticas de muy distintas épocas, ambas relacionadas con la intervención del hombre sobre la naturaleza. Las cuevas de Santimamiñe fueron hogar de hombres prehistóricos que dejaron en sus paredes grabados y pinturas. En el bosque de Oma el artista Agustín Ibarrola ha realizado una singular obra pictórica.

Bosque pintado de Oma

Hace 20 años, Agustín Ibarrola tuvo la idea de animar con su arte un bosque de pinos situado en el valle de Oma. Líneas de colores, símbolos y figuras geométricas y naturalistas se agarran a las rugosidades de los troncos. Una obra que da volumen, profundidad y movimiento a un mundo aparentemente estático.

ALREDEDORES

Castillo de Gautegiz de Arteaga

Una fantasía de torres y almenas despunta en medio del verde en las orillas de la ría de Mundaka y con el mar como telón de fondo. En el solar que ocupó en la Edad Media la casa-torre de Arteaga, la emperatriz Eugenia de Montijo, esposa de Napoleón III, amante de estas tierras y asidua veraneante en ellas, mandó construir en 1856 este edificio de resonancias románticas, rodeado de jardines. Los mármoles de las vecinas canteras de Oroño proporcionaron a los arquitectos franceses el material para sus muros.

Cuevas de Santimamiñe

Muy próximo a Oma, en la ladera del monte Ereñozar, se encuentra este pequeño santuario de arte rupestre. El terreno kárstico ha dado lugar a cavidades abiertas en la ladera y habitadas entre el paleolítico y la Edad de Bronce. La Sala de las Pinturas conserva caballos, bisontes y otros animales.

INFORMACIÓN
www.urdaibai.org

TXOPEBENTA
Barrio Basetxetas (Gautegiz-Arteaga).
Tel. 946 25 49 23 / 629 45 50 79
Caserío vasco de mitad del siglo XIX. Instalación modélica, en la que se palpa el pulso tradicional del mundo rural vasco. Arriba se instalan las habitaciones, con muebles antiguos. *(Ver pág. 139).*

Elantxobe

ELANTXOBE, COLGADO EN LA LADERA DEL MONTE OGOÑO, parece desplomarse vertiginosamente hacia el Cantábrico. Este mínimo pueblo marinero, y sólo marinero, es sin duda uno de los más pintorescos de la costa vasca. Cada calle es una empinada cuesta, y es tan escueto en dimensiones, tan apretado, que en la plaza "mayor" una plataforma giratoria permite que el autobús de línea pueda reemprender el camino de vuelta.

Elantxobe

En 1783 se construyeron los muelles del pequeño puerto, que floreció en el siglo XIX con hasta siete fábricas de escabeche. Las casas apiñadas en la falda de Ogoño se escalonan desde el puerto hasta el cementerio. La pequeña plazoleta situada en lo alto de Elantxobe es un magnífico mirador.

Cabo Ogoño y playa de Laga

La cumbre del Ogoño se eleva 300 metros sobre el mar. Desde la cumbre magníficas vistas sobre Elantxobe, los encinares que bordean la ría de Mundaka, las ermitas de San Miguel y San Pedro y la ría de Mundaka con la isla de Ízaro. A los pies la hermosa playa de Laga abierta al Cantábrico.

San Andrés, en Ibarrangelu

En Ibarrangelu, pequeño lugar que no suma medio millar de habitantes, es imprescindible entrar en la iglesia de San Andrés. Su vulgar factura externa no debe desalentar: dentro, la única nave se cubre con un fabuloso artesonado gótico en madera de curiosas resonancias nórdicas.

INFORMACIÓN

Ayuntamiento
Tel. 946 27 61 08
Oficina de Turismo
Tel. 946 24 33 65
www.learjai.com

ALREDEDORES

Ea

Sobre el río del mismo nombre y encajonado entre los montes Natitxua y Apikale, todo en Ea es tan breve como su nombre. Su pequeña

playa, en la desembocadura de la ría. El casco del lugar, sus callejuelas, los puentes, el puerto, al que, por cierto, las embarcaciones sólo pueden entrar con la pleamar. Los pescadores que poblaron Ea fueron construyendo las casas en el borde mismo de la ría que salvan con bonitos puentes de piedra en lomo de asno. Desde el frontón, junto a la playa, una pequeña excursión hasta la Atalaya ofrece unas impagables vistas de la costa

Lekeitio

ASENTADA EN LAS LADERAS DE LOS MONTES OTOIO y Lumentza, la villa marinera de Lekeitio es una de las localidades de veraneo preferidas en Bizkaia. Aprecio que ya sintieron Isabel II y Zita, la última emperatriz del imperio austro-húngaro. Las animadas terrazas del puerto, bajo las galerías acristaladas, sus playas, el retablo de Santa María, un encantador casco antiguo o las fiestas de San Antolín parecen razones suficientes.

Santa María

Es una de las mejores muestras del gótico tardío en todo Euskadi. Tras la magnífica portada, guarda una joya excepcional: el retablo del altar mayor. Finalizado en 1514, es gótico-flamenco.

Puerto y playas

El trajín, los animados colores de los pesqueros y las casas con galería del muelle de Lekeitio componen una de las imágenes más vivas de la costa vasca. El río Lea divide las playas de Isuntza y Karraspio, frente a la isla de San Nicolás. Con marea baja puede llegarse hasta allí.

Baile de la Kaxarranka y fiesta de los gansos

El 29 de junio, se celebra el baile de la Kaxarranka. El danzante baila sobre un arcón que soportan ocho marineros. Viste de frac, camisa, pañuelo rojo y pantalón blanco. Porta una chistera en la mano derecha y banderín rojo con las insignias de san Pedro en la izquierda. Los San Antolines se celebran entre los días 1 y 8 de septiembre. La Fiesta de los Gansos, documentada desde hace tres siglos y medio, es su momento más celebrado: en el puerto se ata un ganso muerto en el centro de una cuerda. Los aspirantes se aproximan en el bote y jalan el cuello del ganso. En ese momento se tensa la cuerda y gana el que rompe el cuello al animal.

Casco antiguo

Dos cantones y cuatro empinadas calles forman la parte más antigua de Lekeitio. Se conservan restos de la muralla y la torre Uriarte, de factura medieval. También arquitectura popular marinera, y casas palacio como la de Uribarria, barroca, y la de Uriarte, renacentista. Esta última con la torre Turpín.

INFORMACIÓN
Tel. 946 84 40 17
www.lekeitio.com

Ondarroa

ONDARROA ES LA ÚLTIMA O LA PRIMERA LOCALIDAD vizcaína según se vaya o se venga de Gipuzkoa. Puerto de primer orden en la costa cantábrica, en Ondarroa todo sabe a pesca, a redes, a salazón y a conserva. El casco viejo, de estrechas calles empinadas, dominado por la espléndida fábrica de Santa María, se acomoda como puede al meandro que marca el río Artibai cruzado por puentes de atractivo singular.

Santa María

Iniciada en 1480 y finalizada en el siglo XVI, construida sobre la roca, es obra del gótico final con

ventanales de tracería flamígera, pináculos, gárgolas y rosetón en la fachada. En el muro norte se encuentra el cortejo, conjunto de 12 esculturas.

Puentes

El puente Viejo con sus dos ojos bajo arcos de medio punto cruza el Artibai junto a la antigua cofradía y desemboca en la ermita de la Piedad. La pasarela metálica de Alfonso XIII da acceso a la playa, y hasta los años setenta cobraba peaje. El último de los puentes es una vistosa obra de Santiago Calatrava.

El casco

Una difícil topografía explica las empinadas y estrechas calles de la parte vieja de Ondarroa. En ellas aparecen interesantes edificios como la antigua Cofradía de Pescadores convertida en museo y la Torre de Likona. En esta última torre banderiza del siglo XV nació la madre de San Ignacio de Loyola.

INFORMACIÓN
Tel. 946 83 19 51
www.ondarroa.net

Flota pesquera

Villa marinera por excelencia, alberga en su puerto una de las flotas pesqueras más importantes del Cantábrico. La mayor

de la costa vizcaína. Viene siendo así desde que en el siglo XIII la fundara María Díaz de Haro. A pesar de que no corren buenos tiempos, en Ondarroa quien más quien menos trabaja en algo relacionado con la pesca, los astilleros o la industria de la conserva. Es un espectáculo contemplar los barcos amarrados y el ir y venir de los *arrantzales* en las lonjas de pescado proporcionando un genuino ambiente marinero.

Mutriku

Es el último municipio de la costa occidental guipuzcoana. La población, encerrada entre montañas, baja por las laderas hacia el puerto, uno de los refugios naturales más abrigados de este litoral. La pesca fue desde la Edad Media su medio de vida aunque en la actualidad la industria conservera es la base de la economía de la población. Recorriendo las callejas estrechas y empinadas del casco antiguo se encuentran edificios de interés.

Iglesia y casas nobles

Sorprende la estampa neoclásica del templo de la Asunción, poco habitual en la arquitectura vasca. Entre los edificios civiles destacan los palacios de Arrietakua, Galdona, Zabiel y Montalivet, todos ellos barrocos. La torre medieval de Berriatua sirvió en su día para la vigilancia y defensa del puerto.

Playas y peregrinos

Además de la pequeña playa situada junto a Mutriku, la de Saturraran, lindante con la localidad de Ondarroa y salpicada de promontorios rocosos, es de una gran belleza natural. En el barrio de Astigarribia, en el Camino de Santiago, puede verse una sencilla y primitiva iglesia, con una ventana mozárabe.

Pueblo de marinos

Antonio de Gaztañeta (1656-1728) y Cosme Damián de Churruca (1761-1805) son personajes destacados en la historia de Mutriku. El primero brilló como ingeniero naval mientras Churruca, marino de profesión, participó en importantes expediciones y murió al frente de una fragata en la batalla de Trafalgar.

ALREDEDORES

Ondarroa

Es el centro de la industria conservera vizcaína y su puerto está volcado a la pesca de altura. La ría divide en dos la población, y las casas se pegan al monte y asoman al brazo de agua. Un puente blanco, de Santiago Calatrava, une las orillas; junto a él se alza un mirador. En la iglesia gótica de Santa María, un templo muy ornamentado, destaca el curioso cortejo de personajes medievales, los *kortxeleku-mamus,* asomando sobre la balconada.

INFORMACIÓN

Oficina de Turismo de Mutriku
Tel. 943 60 33 78
Oficina de Turismo de Ondarroa
Tel. 946 83 19 51

Santa María de Deba

ENTRE LOS EJEMPLARES DEL GÓTICO VASCO DESTACA este magnífico templo iniciado en el siglo XV y concluido en el XVII. Es monumento nacional. Su construcción coincide con el auge económico de la villa gracias a la actividad de su puerto exportador de lana a Europa. Deba, a orillas de la desembocadura del río de su nombre, cuenta con playas, puerto, paseos marítimos y unos bellos alrededores. Es desde hace 150 años una localidad turística y veraniega.

Portada de la iglesia

En la parte inferior de este hermoso retablo en piedra figuran los apóstoles y Jesucristo en el centro. Las arquivoltas con esculturas de representaciones humanas y vegetales enmarcan un maravilloso tímpano con escenas de la vida de Jesús y la Virgen. Esta obra del siglo XV fue policromada en el XVII.

Casas nobles del casco antiguo

Entre la edificación moderna de la villa pueden verse algunas casas blasonadas recuerdo de una nobleza de banderizos. La casa Aldazábal Murgia, calle Ifarkale, de armoniosa fachada; en la calle Astillero, la casa Agirre, un gran palacio del siglo XV; la torre de Sasiola recuerda sus orígenes de mansión defensiva.

CASERÍO ARRUAN-HAUNDI

Barrio de Lastur.
Tel. 943 60 37 04

Para quienes buscan el espíritu primigenio del turismo rural, aquel nacido con el doble objetivo de ser complemento a la actividad agropecuaria del casero e inmersión en la verdadera y cotidiana realidad de la vida en el campo. *(Ver pág. 132).*

ALREDEDORES

Santuario de Itziar

A seis kilómetros de Deba hacia el interior, este templo situado en las alturas tiene origen medieval aunque fue reformado en el siglo XVI. La imagen románica de la Virgen, en medio de un buen retablo plateresco, es objeto de gran devoción para los creyentes guipuzcoanos.

INFORMACIÓN

Tel. 943 19 24 52
www.deba.net

Zumaia

ENTRE ACANTILADOS Y MONTES VERDES SE LEVANTA esta localidad costera resguardada en la desembocadura del río Urola y su tributario el Narrondo. Dos playas –abrigada y urbana la de Santiago, en mar abierto y bordeada de espectaculares formaciones rocosas la de Itzurun– hacen de la villa un cotizado lugar de veraneo. Zumaia fue fundada en el siglo XIV sobre terrenos de marisma en torno al desaparecido hospital de Santa María, un hito del Camino de Santiago.

Parroquia de San Pedro

Su origen parece datar del siglo XIII aunque la construcción actual es del XV-XVI. Los contrafuertes y los cúbicos volúmenes del exterior contrastan con un hermoso espacio gótico interior rematado en bóvedas de nervios. El retablo mayor del siglo XVI, obra de Juan de Antxieta, es una obra del mejor Renacimiento.

CENTRO DE TALASOTERAPIA ZELAI

Larretxo, 16.
Tel. 943 86 51 00
Centro de talasoterapia, equipado con la más moderna tecnología y con unas vistas privilegiadas, que se alimenta del agua extraída de un mar cuyos fondos biomarinos se encuentran entre los mejores de Europa. *(Ver pág. 136).*

Ermita de San Telmo

Este pequeño templo dedicado al patrón de los navegantes despunta como un faro sobre los acantilados de Itzurun. Desde el siglo XVII fue sede de la Cofradía de Pescadores. A su valor histórico se suma el emplazamiento en el paisaje mágico al oeste de Zumaia.

Dos interesantes museos

Aunque nacido en Eibar, el pintor Ignacio Zuloaga estuvo muy vinculado a Zumaia donde poseía una casa. Hubo en ella un hospital jacobeo y hoy está instalado un museo. Junto a su taller y sus lienzos pueden verse obras de El Greco, Zurbarán o Morales. El Museo Julio Beobide, al final del paseo marítimo, ofrece una buena muestra de la amplia obra escultórica de este creador nacido en Zumaia en 1891 y muerto en la misma localidad en 1969.

INFORMACIÓN

Casa-Museo Zuloaga
Tel. 943 86 10 15
Museo Beobide
Tel. 943 86 16 88
Oficina de Turismo
Tel. 943 14 33 96
www.zumaia.net

Getaria esencial

Iglesia de San Salvador

Su porte exterior denota la función de defensa del puerto y de la población que cumplió en el pasado. En el túnel que se abre bajo el templo se instalaba una batería. El edificio es un monumento gótico, con elegante torre, espléndidas bóvedas de crucería y un buen conjunto de imágenes en su interior.

Monte de San Antón

Su perfil de ratón es característico de esta zona de la costa de Gipuzkoa. La construcción del istmo en el siglo XV convirtió la antigua isla en una península. Surcado de caminos y con un faro en el extremo, este espacio verde es un parque desde el que se contemplan maravillosas panorámicas litorales.

Playas

Junto al casco urbano de Getaria se extienden dos playas. La de Malkorbe, al este de la villa, junto al puerto y bordeada por un paseo, es abrigada y tranquila. La playa de Gaztetape, situada al oeste, es un arenal abierto con olas de larga trayectoria, ideal para la práctica del windsurf.

Txakoli

Este vino joven, fresco, de aroma afrutado acompaña muy bien los pescados y se elabora en Getaria con uva de las viñas que crecen en su entorno. En las laderas que suben al barrio de Meagas crecen las parras colgadas sobre el mar en medio de un precioso paisaje que acaricia el sol.

CONOCIDA POPULARMENTE COMO EL "RATÓN", LA península de San Antón define la imagen de esta hermosa localidad de Gipuzkoa. Durante siglos fue la caza de ballenas la principal fuente de vida de sus habitantes reconvertidos luego en pescadores de bajura. Los dos hijos más conocidos de Getaria, Juan Sebastián Elcano y Cristóbal Balenciaga, son recordados en diversos lugares de una población que suma el turismo a las actividades pesqueras e industriales.

Puerto

En el origen de la población, tanto los muelles como las naves e instalaciones portuarias se cobijan bajo el monte de San Antón. Es un puerto activo y pintoresco al que, cuando la mar lo permite, llegan merluzas, anchoas, besugos o *txitxarros*. A lo largo de la historia ha sufrido varios ataques e incendios.

Museo Balenciaga

En un local frente al frontón se exhibe una colección de abrigos, trajes y vestidos realizados por el creador de alta costura Cristóbal Balenciaga, que nació en Getaria en 1895. Muy cerca se construye un edificio en acero y cristal que será a partir de diciembre de 2006 la sede del Museo Balenciaga.

Juan Sebastián Elcano

Este ilustre marino, nacido en Getaria en 1487, completó en 1522 la primera vuelta al mundo tras tomar el mando de la flota a la muerte de Magallanes. Un gran monumento, inaugurado en 1924, obra de Aguirre, Azpiroz y Victorio Macho, le recuerda en la entrada de la población.

Casco antiguo

Getaria ofrece una magnífica conjunción de arquitectura señorial y popular. Los edificios nobles se concentran en torno a la iglesia formando con ella una línea defensiva. La calle Elkano presenta un muestrario de casas de pescadores con muros y balcones pintados de colores.

Iglesia de San Salvador

El color dorado de la piedra, los potentes contrafuertes laterales y la hermosa torre poligonal de factura renacentista son los elementos más visibles de este templo. Su potente estructura destaca sobre el caserío. La construcción de esta iglesia gótica se inició en el siglo XIV y se terminó en los siguientes. Para el escultor Oteiza, natural de la vecina localidad de Orio, San Salvador era la catedral de las iglesias vascas.

Triforio

La estructura que remata las naves laterales tiene decoración gótica. En el zócalo de abajo se abren rosas caladas de cuatro lóbulos; sobre él un friso de delgadas columnas verticales cierra los vanos; bajo las bóvedas se abren arcos apuntados calados con rosetas enlazadas.

Iglesia

El templo está construido sobre un plano inclinado. El interior, de gran finura estilística, contrasta con la recia estampa externa. Conviene detenerse en sus bóvedas y en las imágenes del Cristo agonizante, la Dolorosa y san Sebastián.

Casas medievales del entorno

Adosadas a la iglesia encontramos dos casas-torre, la de Zarauz y la de Ochoa Ibáñez de Olano, ambas del siglo XV y con funciones tanto de defensa como de residencia. La calle San Roke muestra varias joyas de la arquitectura medieval, con portadas y ventanas en arco y gruesos muros de piedra de sillería.

ALREDEDORES

Askizu

Getaria se encuentra en el Camino de Santiago de la costa. Por ello, a lo largo de los tiempos, fueron surgiendo en su entorno ermitas e iglesias. La pequeña barriada de Askizu, situada en un privilegiado lugar elevado, es uno de los puntos donde hacen

alto los peregrinos ya que cuenta con un albergue. En este balcón sobre el Cantábrico se levanta la iglesia de San Martín de Tours, bello ejemplar gótico.

INFORMACIÓN

Colección Balenciaga
Tel. 943 14 05 85
www.fundacionbalenciaga.com
Oficina de Turismo
Tel. 943 89 60 24
www.getaria.net

Zarautz esencial

Parroquia de Nuestra Señora la Real

El templo conserva restos góticos y una buena portada renacentista. La construcción actual es del siglo XVI, época del magnífico retablo principal obra de Andrés y Juan de Araoz, discípulos de Berruguete. La casa torre medieval de los Zarauz se transformó en su campanario.

Palacio de Narros

El cuerpo central de esta casa noble se inició en 1536 sobre los restos de una construcción que había pertenecido al linaje de los Zarauz. Las dos alas laterales fueron parte de la ampliación posterior al igual que los jardines tras los que se oculta la fachada con portada en forma de arco y escudo.

Playa

Su condición de ciudad de veraneo se inicia a mitad del siglo XIX. En tiempos de Isabel II, la aristocracia y la corte acudían a tomar los baños. La amplitud y belleza de su playa ha sido el principal factor del desarrollo turístico de Zarautz.

Kale Nagusia

La arteria central del casco antiguo es una animada calle peatonal con numerosas tiendas y bares. La piedra y la madera abundan en las casas que la flanquean, entre las que destaca por su monumentalidad la torre Luzea. Un hermoso rincón se abre hacia la plaza del Mercado.

LA SEGUNDA LOCALIDAD VERANIEGA DE GIPUZKOA es famosa por su amplia y hermosa playa. Con foro de villa desde 1237, por concesión del rey Fernando III, sus pescadores fueron hábiles en la captura de ballenas hasta el siglo XVI. El casco antiguo reúne calles acogedoras y monumentos interesantes y en sus alrededores se disfruta de excelentes paseos con vistas. Zarautz cuenta con un magnífico comercio y una oferta gastronómica de primera.

Photomuseum

Íntegramente dedicado a la fotografía, este museo cuenta con una colección permanente que reúne 150 años de historia de este arte y varias salas dedicadas a exposiciones temporales. Hay también biblioteca, archivo y hemeroteca. Está situado en Villa Manuela, un antiguo colegio próximo al casco antiguo.

Torre Luzea

Esta imponente construcción participa de la doble condición de bastión defensivo y morada palaciega. Construida en piedra de sillería, tiene ventanas geminadas y trilobuladas y puede verse un hermoso trabajo de modillones en su alero. Es uno de los mejores ejemplares del gótico civil de Euskadi.

Convento de Santa Clara

En el siglo XVII, en que se fue consolidando el núcleo urbano de Zarautz, María Ana de Zarauz y Gamboa fundó este convento entonces situado en las afueras de la villa y rodeado de jardines y huertas. La iglesia guarda retablos barrocos y un valioso órgano.

Ayuntamiento

Portu Etxea, la Casa Portu, es un equilibrado edificio renacentista del siglo XVI en el que la piedra y la forja de los balcones establecen una armónica relación. Destacan la esbeltez de la portada, el juego de las pilastras estriadas que recorren sus laterales y los adornos del alero.

Playa de Zarautz

DE SUAVE Y FINA ARENA TIENE EN SU ZONA URBANA casi dos kilómetros de largo. Es una playa abierta al oleaje, lo que le ha dado gran fama entre los aficionados al surf. En su extremo este se extiende un conjunto de dunas con una curiosa fauna de aves, reptiles y anfibios. Se accede a ella a través de una pasarela. Más allá, en el estuario donde se juntan las aguas del mar y las dulces procedentes de la ría, abundan las colonias de gaviotas.

Arenas y paseo marítimo

La gran playa de Zarautz se llena en verano de toldos y cabinas; durante el invierno sirve de campo de entrenamiento de equipos infantiles y juveniles de fútbol.

Un agradable paseo, junto al que se levantan viviendas e instalaciones de ocio, bordea la playa y termina en el Club de Golf de Zarautz.

Parque de Mutxio

En las afueras de la población, camino de Getaria, este espacio verde con buen arbolado toma altura sobre el paseo y la carretera de la costa. Desde él se domina

la playa de Zarautz y se obtiene también una magnífica vista del mar, el litoral y el puerto de Getaria, con el famoso "ratón" al fondo.

Olas y surfistas

Orientada al norte y abierta a los vientos, la de Zarautz es una playa escasamente abrigada. Las olas rompen a cierta distancia de la orilla y son apropiadas para la práctica del surf. Cada año en septiembre, Zarautz es sede de un campeonato de surf inscrito en el circuito mundial de este deporte.

INFORMACIÓN
Tel. 943 83 09 90
www.turismozarautz.com

ALREDEDORES

Orio y su ría

Por encima de todo es Orio una villa marinera y pescadora. Su trainera es una de las habituales ganadoras de las regatas. En la Edad Media nació en torno a su puerto, una ensenada abrigada desde la que se controla el mar y la desembocadura de la ría del Oria. El casco antiguo, Goiko Kale, lo forman un conjunto de construcciones medievales que, con la iglesia de

San Nicolás, constituyen un laberinto de callejas en cuesta, pasadizos y escaleras. Orio cuenta con dos playas y sus asadores de pescado son famosos en todo el entorno.

Parque Natural de Pagoeta

EN EL INTERIOR, ENTRE ZARAUTZ Y ORIO, SE ENCLAVA este espacio natural que pertenece al término municipal de Aia. La superficie protegida de 1.335 hectáreas se extiende sobre suaves colinas en las que alternan praderas y zonas de bosque en su mayoría autóctono. Hay también algunas aldeas y caseríos desperdigados, con tierras de labor y huertas. Pagoeta encierra también vestigios megalíticos como dólmenes y túmulos funerarios que cuentan con 5.000 años.

Bosque

Buena parte del valor paisajístico de Pagoeta es debido a la presencia de importantes manchas de vegetación de robles, encinas, alisos, abedules y castaños, entre otras especies autóctonas. Destaca el hayedo de Elutsaundi. Junto a ellos podemos ver plantaciones de alerce japonés y ciprés de Lawson.

Macizo de Pagoeta

Una formación de rocas calizas domina el conjunto del parque. La subida hasta una altitud de 715 metros se realiza por agradables caminos. Desde

la cima, donde hay una cruz y un calvario entre la vegetación, la vista alcanza las sierras del interior de Gipuzkoa, una gran franja de la costa y el mar abierto.

Ferrería de Agorregi

El agua de un pequeño afluente del río Oria y el carbón vegetal obtenido en los bosques del entorno eran la energía utilizada para mover los fuelles, las ruedas y el mazo y hacer funcionar esta ferrería construida en 1754 sobre una anterior. En ella se fundía el hierro obtenido en las minas de los alrededores. Está situada en el fondo de un valle en el parque de Pagoeta. Este hermoso establecimiento del pasado preindustrial ha sido reconstruido y puesto a funcionar y puede visitarse actualmente. En la zona hay también antiguos molinos y neveras.

TXANGILUENEA
Gozategi Plaza (Aia).
Tel. 606 10 24 23
Casona original vasca del siglo XVIII. Mimada decoración, acogedores dormitorios con cuarto de baño propio, falsos estucos en las paredes y amplitud de espacios. *(Ver pág. 132).*

INFORMACIÓN
Jardín Botánico
Tel. 943 83 53 89
Ferrería de Agorregi
Tel. 943 83 53 89
Centro de Información e Interpretación del Parque de Pagoeta
Tel. 943 83 53 89

Donostia esencial

La bahía y las playas

Rodeada por tres montañas, Igeldo, Urgull y Ulía, tiene como broche la isla de Santa Clara. Sus aguas son habitualmente tranquilas y la arena de sus playas fina y dorada. Bordean la bahía las playas de Ondarreta y La Concha, mientras la de la Zurriola queda fuera de ella, a los pies del barrio de Gros.

Chillida Leku

El caserío Zabalaga, una finca a las afueras de Hernani, a diez kilómetros de Donostia, acoge el Museo Chillida Leku. Entre praderas, árboles y caminos se disfruta de una amplia muestra de la obra del escultor donostiarra. Fue proyectado y supervisado por el propio artista en sus últimas décadas de vida.

Un paseo al borde del mar

De las esculturas de Chillida *El peine del viento,* en un extremo de la bahía, al final de la playa de la Zurriola, se pueden recorrer diez kilómetros con el mar siempre a la vista. El paseo orilla las playas, bordea el monte Urgull y continúa, tras cruzar el puente del Kursaal, hasta el barrio de Sagüés.

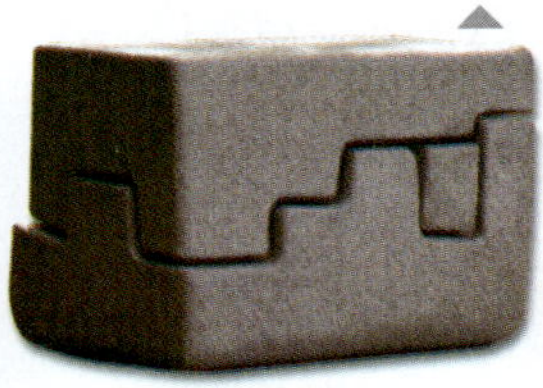

Kursaal

Desde 1999 el edificio del Kursaal se ha convertido en el símbolo de la Donostia de nuestros días. Levantado por Rafael Moneo, alberga auditorio, sala de cámara, centro de congresos y salas de exposiciones. Es el marco del Festival Internacional de Cine.

Una amplia bahía casi totalmente cerrada define el marco de esta hermosa población. Su forma de concha le ha dado fama y nombre al largo paseo marítimo y a la playa más abrigada del Cantábrico. Entre las mayores virtudes de la ciudad está la gran armonía entre la naturaleza y la obra humana. La mayor parte de su edificación, salvo algunos monumentos y calles de la Parte Vieja, es posterior al incendio sufrido durante la guerra napoleónica en 1813.

Igeldo, Urgull, Ulía y la isla de Santa Clara

Estas cuatro pequeñas montañas sirven de abrigo a la bahía y a la ciudad que se extiende en torno a ella. Desde los tres primeros accesibles a pie o en coche, se tienen magníficas vistas. A la isla de Santa Clara, cuya única construcción es el faro que la corona, sólo se llega en barco o a nado.

Ensanche

Tras el derribo de las murallas a fines del siglo XIX la ciudad se extiende más allá de la Parte Vieja. El Ensanche del XIX se caracteriza por la unidad de estilo de sus edificaciones de piedra, con balcones y miradores blancos. Una belleza que reposa más en la armonía que en la monumentalidad.

Orillas del Urumea

A espaldas de la bahía, el río Urumea recorre un trecho urbano hasta desembocar en mar abierto. El entorno del río está ajardinado y en él pueden verse buenos edificios de estilo *belle époque* y edificaciones contemporáneas como el Kursaal. Tres puentes enlazan sus orillas.

Parte Vieja y puerto

Es el núcleo más antiguo y tradicional de la ciudad. Ocupado únicamente por embarcaciones pesqueras y deportivas, el puerto tiene gran colorido. Las estrechas calles de la Parte Vieja se articulan formando una cuadrícula regular en torno a la porticada plaza de la Constitución.

Bahía de la Concha

ESTE ESPACIO NATURAL URBANIZADO PASA POR SER UNA de las bahías más bellas del mundo. Su entorno de montañas, la calidad de sus playas y las tranquilas aguas que la conforman hacen de ella un privilegiado escenario paisajístico. Cualidades todas ellas que atrajeron a finales del siglo XIX a los primeros bañistas, entre ellos la reina Isabel II, y que con los años han convertido la ciudad de Donostia en cotizado destino veraniego.

Peine del Viento

Tres esculturas de hierro clavadas en la roca saludan las olas en un extremo de la bahía, más allá de la playa de Ondarreta. En este espacio bajo el monte Igeldo colaboraron Chillida y el arquitecto Peña Ganchegui, quien diseñó la plataforma escalonada de granito rojo.

Ondarreta, un baño con clase

La playa de Ondarreta pasa por ser la más aristocrática de la ciudad. Preceden a la playa unos bonitos jardines presididos por la estatua de la reina regente María Cristina y más allá se extienden la ciudad jardín de Ondarreta y el tradicional barrio del Antiguo. El malecón es un concurrido lugar de paseo.

Pico del Loro y palacio de Miramar

Este pequeño promontorio se adentra en el mar separando las playas de Ondarreta y la Concha y marcando el inicio del paseo de la Concha. Hasta él bajan los jardines del palacio de Miramar, edificio de estilo inglés y antiguo alojamiento real. En la actualidad es sede de diversas actividades culturales.

Regatas de traineras

En 1879 varias embarcaciones de pesca movidas a remo realizaron, con apuestas de dinero por medio, una competición en la bahía de La Concha. Desde entonces las autoridades decidieron incluir la prueba en los festejos donostiarras. La regata de la Bandera de la Concha se celebra los dos primeros domingos

de septiembre. Las traineras, con 14 tripulantes, 13 remeros y un patrón, recorren tres millas marinas. Numerosos barcos y espectadores siguen la regata desde mar y tierra en un ambiente de gran animación y colorido.

INFORMACIÓN
Tel. 943 48 11 66
www.sansebastianturismo.org

Parte Vieja

El barrio, que se extiende junto al puerto al amparo del monte Urgull, es el más antiguo de la ciudad. Fue reconstruido tras el incendio de 1813. Sus estrechas calles que se cortan perpendicularmente forman un conjunto de gran sabor y animación, con sus casas de piedra y sus bajos repletos de bares, tascas, restaurantes y comercios. Las dos mejores iglesias de Donostia, Santa María y San Vicente, y el museo de San Telmo se encuentran en este recinto.

Plaza de la Constitución

Recorrido por soportales, este conjunto neoclásico es el centro vital de la parte vieja y sede del antiguo Ayuntamiento. Antaño tenían lugar aquí corridas de toros por lo que los balcones aparecen numerados. Sigue siendo escenario de festejos tan clásicos como el inicio y final de la Tamborrada.

Iglesia de Santa María

Este templo que se salvó del incendio es el único edificio barroco de la ciudad. Construido en el siglo XVIII, cuenta con una monumental portada de estilo churrigueresco. En el interior posee un magnífico órgano, la imagen de la Virgen del Coro, patrona de la ciudad, y un buen número de esculturas de valor.

Calle de Santa Corda y plaza de la Trinidad

Santa Corda es la única calle de Donostia anterior a 1813. Su corto y angosto recorrido, desde el museo de San Telmo a la plaza de la Trinidad –primitiva sede del Festival de Jazz–, deja ver la antigüedad y el carácter defensivo de sus construcciones, cuyos cimientos seguían la línea de la muralla.

Comer a pie de barra

La parte vieja donostiarra es el paraíso de los pinchos. De los tradicionales fritos –croquetas, gambas en gabardina o mejillones con bechamel–, las “gildas” o la deliciosa tortilla de verduras, la gama de exquisiteces que adornan las barras de Donostia ha evolucionado hasta los más insospechados manjares. Los bares de la parte vieja, sin renunciar a sus preparaciones de toda la vida, rivalizan por ofrecer suculentas combinaciones de sabores que hacen de la comida a pie de barra uno de los placeres de residentes y visitantes.

Museo de San Telmo

DEDICADO AL PATRÓN DE LOS MARINEROS, ESTE museo municipal ocupa desde 1932 las dependencias de un antiguo convento de dominicos. Las instalaciones, que incluyen la iglesia del convento con las magistrales pinturas de José María Sert, albergan además de la colección permanente salas de actividades y una biblioteca de consulta. El museo está pendiente de renovación con el objetivo de transformarlo en un equipamiento cultural actualizado.

Convento dominico

La parte más interesante del edificio, el claustro, es obra del siglo XVI, de transición del gótico al Renacimiento. En la planta inferior se suceden los arcos triples y de medio punto sobre columnas en la superior. La fachada neorrenacentista fue construida en 1932 por Juan Alday y Francisco Urcola.

Colecciones

De las distintas secciones del museo, la de arqueología destaca por la colección de estelas funerarias. Las salas dedicadas a Bellas Artes albergan en la primera planta una colección de arte europeo de los siglos XV al XIX y en la segunda una muestra de artistas vascos desde el siglo XIX a nuestros días.

Frescos de Sert

Bajo los nervios de piedra que conforman las bóvedas, las paredes de la iglesia de San Telmo están

decoradas con pinturas de José María Sert, realizadas a partir de 1932. En tonalidades sepia, el artista catalán narra con trazo vigoroso temas relacionados con la tradición laboral del pueblo vasco.

INFORMACIÓN
Tel. 943 48 15 80
www.donostiakultura.com

Iglesia de San Vicente

Los contrafuertes del exterior de este templo y sus macizos volúmenes están relacionados con el papel defensivo que tuvo en su día frente a ataques exteriores. Tras su restauración, esta iglesia gótica, la más antigua de la ciudad, muestra el tono dorado de la piedra de sus muros, en los que se abre un rosetón. Merece la pena detenerse en el juego que trazan los nervios de las bóvedas de crucería y en el espléndido retablo mayor, del siglo XVI.

Urgull

La imagen del Sagrado Corazón que corona este monte resulta visible desde toda la ciudad. Urgull es por su emplazamiento un vigía situado sobre la bahía de la que proporciona vistas espléndidas. Cuajado de vegetación y surcado de caminos, el paseo por este parque público permite conocer algunos de los restos arquitectónicos defensivos más antiguos de Donostia cuando ésta era poco más que una plaza fuerte.

Castillo de la Mota

El primitivo castillo fue construido en el siglo XII reinando Sancho el Sabio de Navarra. Sobre él se edificó en el siglo XVI el que ahora vemos en la cima, donde se habilitó en los años cuarenta del siglo XX una capilla y el monumento al Sagrado Corazón. Anchos muros, defensas y baterías completan el recinto.

Baluartes, murallas y miradores

A lo largo del camino que va serpenteando Urgull aparecen continuamente restos de baterías y polvorines, de puestos de vigilancia y cuarteles, de paños de muralla y torreones. Cada vestigio de esta posición estratégica es una invitación a detenerse para contemplar la historia y las maravillosas vistas.

El cementerio de los ingleses

Una aureola romántica envuelve las sepulturas encajadas a mitad de la ladera, entre árboles y macizos de flores. Aquí fueron enterrados los soldados británicos que participaron en la lucha contra Napoleón en 1813 y posteriormente, como aliados del ejército liberal contra el asedio carlista, en 1836.

MONASTERIO IPINTZA BURU

Agineta Bidea, 1 (Astigarraga).
Tel. 943 33 57 77

La hospedería ocupa una casa anexa al monasterio.
La independencia es absoluta, aunque quien aquí llegue tendrá que dar el nombre de la parroquia que le recomienda y asistir a los oficios religiosos. *(Ver pág 132)*.

Boulevard y parque de Alderdi Eder

La Alameda del Boulevard, amplio paseo ajardinado, sigue el trazado de la muralla que abrazaba en su día la Parte Vieja. Marca por tanto el límite entre la ciudad antigua y el Ensanche del XIX. En un extremo, el mercado de la Brecha y el Teatro Victoria Eugenia, en el otro el edificio del Ayuntamiento y el puerto. Alderdi Eder, con sus fuentes, árboles y estanques prolonga el espacio verde del Boulevard y se abre al mar y al paseo de La Concha.

Ayuntamiento y Alderdi Eder

La estampa del Ayuntamiento, antiguo casino, edificio de principios del siglo XX, es característica de Donostia. Tras él se alza la masa verde de Urgull y se asienta el puerto. Está precedido por los jardines de Alderdi Eder, con sus tamarindos, un árbol muy identificado con la ciudad, y sus palmeras.

Alameda del Boulevard

Constituye uno de los ejes concurridos. Lugar de paseo, puerta de entrada a la Parte Vieja y enlace entre dos zonas comerciales, en sus aceras se asientan animadas terrazas. Altos árboles, plataneros y castaños de indias, dan cobijo a bancos y paseos y a un hermoso kiosko modernista de música.

Mercado de la Brecha

Durante décadas, era el más famoso de Donostia por la calidad y la presentación de sus productos. A él acudían a comprar los más prestigiosos cocineros locales. Transformado en centro comercial, los puestos de pescado y verduras se han trasladado a su entorno y cuentan con atractivas instalaciones.

La Tamborrada

La fiesta grande donostiarra se celebra el día de San Sebastián. En ella se escenifica la ruidosa rebelión de los cocineros frente a las tropas napoleónicas invasoras.

Numerosos cortejos desfilan por la ciudad la noche del 19 al 20 de enero al son de las marchas del músico Sarriegui acompañadas de tambores y barriles. Al igual que el día 20 en la tamborrada infantil, los participantes van ataviados de cocineros o de soldados franceses de la época. Diversos ritos culinarios y una multitud en las calles forman el entorno de este animado festejo.

Orillas del Urumea

El río Urumea recorre un tramo corto pero significativo de la ciudad. En su entorno se trazaron, entre finales del siglo XIX y principios del XX, paseos arbolados, se levantaron hotelitos de estilo afrancesado, viviendas de pisos con pequeños jardines y edificios representativos. Tres de los puentes que enlazan las dos orillas rivalizan en monumentalidad. Desde ellos se obtienen estupendas perspectivas del Kursaal y la desembocadura del río en el mar.

Paseo de los Fueros y paseo de Francia

A ambos lados del río, altos tilos y plátanos de sombra, caminos asfaltados y de tierra, bancos y macizos de flores crean unos magníficos corredores para pasear. En el paseo de Francia se alinean una serie de fuentes, réplica de las parisinas Walace, y pueden verse grandes villas de aire palaciego.

Puentes

Los tres puentes monumentales, el del Kursaal, el de Santa Catalina y el de María Cristina, muy diferentes entre sí, enlazan diversos barrios del Ensanche y constituyen un modelo de urbanismo moderno. No es infrecuente ver pasar bajo ellos las traineras que se entrenan en el río para las regatas.

Edificaciones *belle époque*

De las diversas construcciones que se alzan a ambas orillas del río Urumea, los edificios más significativos se

encuentran en la ribera izquierda. Se trata del hotel María Cristina y del Teatro Victoria Eugenia. Ambas edificaciones son elegantes y están construidas en piedra arenisca, de estilo regionalista el segundo de ellos, los dos rodeados de jardines y con gran significación en la vida donostiarra.

París como referencia

Aunque en toda la ciudad se puede ver la influencia arquitectónica de la capital de Francia, quizás sea en el entorno del río donde resulta más palpable. Tanto el hotel María Cristina como las viviendas palaciegas de la orilla derecha del paseo de Francia, entre los puentes de Santa Catalina y María Cristina, tienen un aire parisino. Como lo tienen también los parterres y fuentes de este paseo y el propio puente de María Cristina que, con los retóricos obeliscos de sus extremos, recuerda al de Alejandro III sobre el Sena.

Barrio de Gros

Buena parte de este barrio se construyó a finales del siglo XIX, según el proyecto de Tomás Gros, sobre dunas y terrenos ganados al mar. En la última década del siglo pasado, la playa de la Zurriola fue ampliada y urbanizada. La inauguración del palacio del Kursaal, emplazado en un extremo de Gros, ha revitalizado el barrio que es un cotizado lugar de residencia y cuenta con algunos de los bares de pinchos más concurridos de Donostia.

Playa y paseo de la Zurriola

La tercera playa de la ciudad era hasta su remodelación reciente relativamente peligrosa. Con la construcción del gran dique protector y del paseo marítimo que la recorre en toda su extensión, la playa de la Zurriola se ha incorporado plenamente al circuito veraniego de donostiarras y visitantes.

Puente del Kursaal

Justo en el lugar donde el río Urumea desemboca en el mar, se levanta este puente que enlaza la calle Reina Regente con el paseo de la Zurriola. Los elevados obeliscos rematados en grandes bolas de luz que dan su carácter a este puente fueron diseñados, así como la barandilla, por Víctor Arana.

Bares de pinchos

La oferta gastronómica del barrio de Gros ha mejorado en los últimos años hasta convertirse en una de las zonas más interesantes de la ciudad. Bares como el Bergara, el Aloña-Berri, el Beizama o el Adarra forman parte del circuito de los maestros en la excelente cocina en miniatura que son los pinchos.

ALREDEDORES

Un paseo por el monte Ulía

Desde la bahía de Donostia se ven en retaguardia, amparando desde un segundo plano el casco urbano, las laderas de este monte que constituye uno de los pulmones verdes de la ciudad. Ulía es

un agradable lugar de excursión tanto para realizar por él caminatas a pie, con vistas a la población y al mar, como para disfrutar de un plato en alguno de sus merenderos. El paraje de la Peña del Ballenero recuerda el lugar desde donde un vigía avisaba de la proximidad de los cetáceos a los esforzados pescadores donostiarras.

Kursaal

INCORPORADO YA PLENAMENTE A LA FISONOMÍA urbana de Donostia, el edificio del Kursaal se ha convertido en el emblema de la ciudad del siglo XXI. Dos grandes cubos de cristal translúcido se proyectan en el límite de la ciudad con el mar como telón de fondo. El edificio de Rafael Moneo recibió en 2001 el premio Mies van der Rohe de arquitectura de la Unión Europea. Es actualmente el principal contenedor de actividades artísticas y musicales.

Edificio

Su autor lo definió como dos rocas varadas a la orilla del mar que tratan de crear un nexo entre la obra humana y el legado de la naturaleza. La pureza de sus líneas rectas y la aparente ligereza de los materiales hacen de él un edificio grácil que permite adivinar el océano a través de sus volúmenes.

Festival Internacional de Cine

El acontecimiento de mayor resonancia pública que tiene lugar en Donostia celebra desde 1999 sus sesiones en el Kursaal. Ante él se despliega cada septiembre la alfombra roja por la que desfilan las personalidades del cine. La iluminación nocturna envuelve el edificio, creando una atmósfera que resulta casi mágica.

Cine, música y exposiciones

El Kursaal es el lugar donde tienen lugar los principales acontecimientos culturales y artísticos de

Donostia. Aquí se celebra el Festival Internacional de Cine, el Festival de Jazz, la Quincena Musical Donostiarra y una amplia programación de conciertos, espectáculos de danza y exposiciones.

La larga historia del solar K

En 1990 el proyecto del navarro Rafael Moneo fue seleccionado entre seis presentados por primeras figuras de la arquitectura mundial. Anteriormente, el espacio sobre el que está construido, conocido como el solar K, era un enorme hueco que reclamaba un uso ciudadano. Así fue desde que en 1972, en una decisión arbitraria y polémica, la empresa propietaria del Gran Kursaal decidió derribar el hermoso edificio de estilo *belle époque* que había sido construido para casino en 1921 y que estaba infrautilizado desde la prohibición del juego en 1924.

INFORMACIÓN
Tel. 943 00 30 00
www.kursaal.org

Ensanche

RECIBE ESTE NOMBRE UN AMPLIO SECTOR DEL centro de Donostia construido a partir del derribo de las murallas en 1864. La ciudad contaba en 1860 con 14.115 habitantes y un considerable dinamismo. La construcción del Ensanche fue emprendida por el Ayuntamiento sobre un proyecto de Antonio Cortázar. La trama de la ciudad del XIX se caracteriza por su calidad y se articula en torno a dos ejes, la plaza de Gipuzkoa y la avenida de la Libertad.

Avenida de la Libertad

Esta hermosa arteria se extiende desde el parque de Alderdi Eder al puente de Santa Catalina. Como eje de la amplia zona comercial, es una calle extraordinariamente animada durante el día. Son notorias sus bellas farolas de hierro forjado pintadas de blanco y cuenta con amplias aceras arboladas.

Arquitectura armónica

Tanto el trazado de manzanas y calles como las edificaciones del Ensanche del XIX se caracterizan por una gran unidad de estilo y una notable armonía. Las viviendas y edificios públicos de la época tienen habitualmente cinco alturas y están construidos en piedra arenisca dorada. En las fachadas, de una gran sobriedad, destacan las molduras de ventanas y balcones y el juego de los miradores. Cabe señalar la presencia de algunas casas con decoración modernista situadas en el entorno de la calle Prim.

Catedral del Buen Pastor

Sobre una bella plaza ajardinada se levanta esta iglesia neogótica, de rasgos eclécticos que recuerdan el estilo de Viollet-le-Duc. Construida a fines del XIX, tras ella pueden verse dos hermosos edificios, el destinado a Correos y la antigua Escuela de Ingenieros, sede del Centro Koldo Mitxelena.

Plaza de Gipuzkoa

Una gran unidad caracteriza este espacio rectangular con jardines en el centro. Su diseño se debe a José Eleuterio de Escoriaza y sigue la línea de las plazas mayores con soportales en los bajos. El edificio más representativo, el Palacio de la Diputación, fue obra del arquitecto José Goicoa, de 1882.

INFORMACIÓN

Centro Koldo Mitxelena
Tel. 943 11 27 63
www.gipuzkoakultura.net/kmk/
Tren Txu-txu
Tel. 669 11 41 43

Puerto

ESTE REFUGIO RECOLETO, BAJO EL MONTE URGULL y junto a la parte vieja, resume buena parte de las esencias de una ciudad marinera, comercial y turística. En tiempos el puerto donostiarra desplegaba una gran actividad tanto en la pesca de la ballena como en el comercio marítimo. El muelle está bordeado por casas de pescadores con soportales bajo los que aún pueden verse redes puestas a secar y en los que abundan pequeños restaurantes de pescado.

Barcas y muelles

El colorido de los barcos de pesca se mezcla con la blancura de las embarcaciones deportivas. Unos y otras se aprietan entre el espigón que cierra la bocana y los muelles. Un arco de piedra da paso desde el puerto a la parte vieja.

Club Náutico

Este edificio blanco cuya forma asemeja a una embarcación tiene un emplazamiento privilegiado junto al puerto y sobre el paseo de la Concha. La calidad de esta obra racionalista de 1920 trazada por Aizpurua y Labayen, ha merecido numerosas menciones elogiosas en los tratados de arquitectura moderna.

Aquarium

En 1928 la Sociedad Oceanográfica de Gipuzkoa creó el Aquarium. Las instalaciones actuales reúnen un moderno túnel, vitrinas y salas con una amplia exhibición de peces de todos los mares. Incluye también una sección de ciencias naturales marinas y un recorrido por la historia naval de la ciudad.

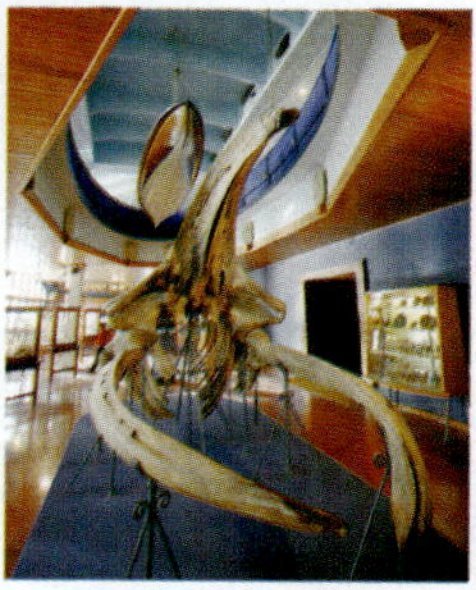

Paseo Nuevo

Aunque su nombre oficial es paseo de Salamanca, es conocido como *nuevo*. Decenas de veces arrasado por las olas y otras tantas reconstruido, orilla el monte Urgull, primero, y luego la parte vieja, enlazando el puerto y el puente del Kursaal. El recorrido junto al mar, fuera ya de la bahía, proporciona maravillosas vistas de la isla de Santa Clara e Igeldo así como de los "cubos" del Kursaal. Una gran escultura de Oteiza se levanta al comienzo de este paseo donde puede verse también una capilla dedicada al marino Elcano.

INFORMACIÓN
Aquarium
Tel. 943 44 00 99
www.aquariumss.com

Igeldo

LA SILUETA DE ESTE MONTE DOMINA LA BAHÍA y es inseparable de la estampa de Donostia. Un torreón moderno apunta en la cima en el lugar donde hubo antaño un faro. En las laderas de Igeldo se ha construido en los últimos años un gran número de casas que alteran su imagen clásica de verdor. Igeldo es un punto de referencia obligado como lugar de esparcimiento y, sobre todo, por las hermosísimas vistas que se contemplan desde lo alto.

Las mejores vistas sobre la bahía

Por su situación en un extremo de la bahía que se domina totalmente desde lo alto, Igeldo es el mejor observatorio sobre la ciudad. Una barandilla que recorre la cima permite contemplar en toda su extensión el hermoso conjunto y, más allá, proporciona también espléndidas vistas hacia el mar abierto.

Funicular

Un trenecillo de época arrastrado por cable trepa desde la falda de Igeldo hasta su cima, dejando a los pasajeros al pie de un parque de atracciones.
La pronunciada pendiente que tiene que salvar el funicular es un atractivo más del trayecto en el que la ciudad y las playas se ven cada vez más lejanas.

Parque de atracciones

Está situado en lo alto del monte Igeldo y fue creado en 1912.
Frente a los trepidantes parques de atracciones actuales, el de Igeldo tiene un aspecto tranquilo que le añade atractivo. Sus principales atracciones son la Montaña Suiza, el Río Misterioso y diversos tiovivos y barracas de feria.

CENTRO DE TALASOTERAPIA LA PERLA
Pº de La Concha, s/n.
Tel. 943 45 88 56

Los edificios de La Perla extienden su hermosa arquitectura sobre la arena. Fue inaugurado en 1912 y de él se dijo que era el balneario más hermoso del mundo. Circuito de puesta en forma disfrutando, de paso, de unas espléndidas vistas. *(Ver pág. 134)*.

Chillida Leku

VARIAS DÉCADAS DE TRABAJO Y EL EMPEÑO PERSONAL de Eduardo Chillida y su familia lograron poner en pie en 2000 el museo Chillida Leku. La finca que rodea el caserío Zabalaga, en los alrededores de Hernani, a siete kilómetros de Donostia, es el lugar donde se pueden ver, repartidas sobre el verde, al borde de caminos de tierra o al amparo de los muros del caserío, las obras de Chillida, escultor nacido en Donostia en 1924 y muerto en su ciudad en 2002.

Historia del museo

Aunque inicialmente la intención de Chillida era almacenar temporalmente sus obras en Zabalaga, con el tiempo él y su mujer Pilar Belzunce se plantearon crear una colección y mostrarla allí en plena naturaleza. El proyecto fue tomando forma y ampliándose hasta transformarse en el museo que ahora vemos.

Caserío Zabalaga

En un lugar central de la finca se levanta este caserío del siglo XVI, restaurado por Chillida y el arquitecto Joaquín Montero. Entre los muros de piedra y bajo grandes vigas de madera se exponen a distintos niveles piezas en madera, alabastro, piedra, hierro, fieltro y yeso. Hay también bocetos en papel.

Un paseo por las obras de Chillida

El recorrido está concebido como un paseo por el arte. En el parque, las esculturas, muchas de ellas de gran tamaño, dialogan entre sí, permiten ser vistas desde todos los ángulos y pueden ser tocadas. Obras en hierro, acero cortén o piedra forman la mayoría de la colección expuesta al aire libre.

Chillida, un maestro de la escultura

Es sin duda Eduardo Chillida el artista vasco más universal de nuestra época. Inició estudios de arquitectura pero pronto se despertó su vocación artística y viajó a París entre 1948 y 1951 entrando en contacto con los mejores creadores.

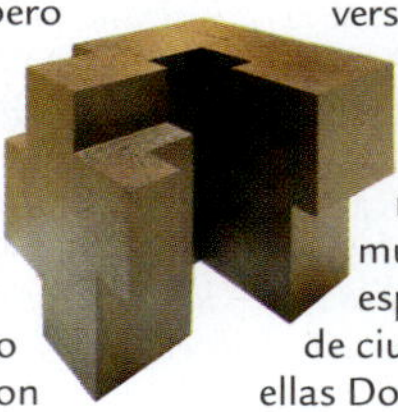

Su actitud experimental le llevó a realizar estudios sobre la materia, la naturaleza, la forma, el aire... Y trabajó con muy diversos materiales como puede verse en el museo. Las obras de Chillida figuran en los mejores museos del mundo y en espacios públicos de ciudades, entre ellas Donostia, su ciudad natal.

INFORMACIÓN

Tel. 943 36 00 6

www.eduardo-chillida.com

Vivir Donostia

Sesión de talasoterapia
Los beneficios del agua marina son bien conocidos. Pero lo más sorprendente de La Perla, un centro instalado en pleno paseo de La Concha, es poder disfrutar de todos los tratamientos imaginables de relax y belleza o darse un largo baño en *jacuzzi* sin perder de vista en ningún momento la bahía.

Jazz en el Kursaal
Al atractivo que tiene el Festival Internacional de Jazz que se celebra todos los años en julio se suma la posibilidad de asistir a alguna de las *jam sesions* que tienen lugar en el Kursaal. En las noches de verano, en una terraza frente al mar, los músicos elevan hasta lo sublime sus improvisaciones.

Fuegos artificiales en la bahía
Durante la segunda quincena de agosto se celebra la Semana Grande donostiarra. El festejo más popular y más barato son los fuegos artificiales que se tiran desde la bahía. Lo más auténtico, bajar a la playa y sentarse en la arena a disfrutar del espectáculo. Y corear el "Oohhhh" al final de cada traca.

El mejor jamón
Son infinitas las posibilidades gastronómicas de la ciudad. Entre ellas, una opción muy apreciada por los donostiarras es tomar un bocadillo de jamón en Casa Vallés, calle Reyes Católicos. Las largas mesas del local se llenan de personas que disfrutan del pan crujiente y el exquisito jamón veteado.

Remojón en tierra
Hay dos lugares clave para contemplar las olas y, si cabe, salir un poco remojado del intento. Uno de ellos es el Peine del Viento, en Ondarreta; el otro el paseo Nuevo, en las proximidades del Aquarium. Si su estancia coincide con las mareas vivas de septiembre, las carreras están aseguradas.

Un domingo en Anoeta
Imposible pasar unos días en Donostia y no oír hablar de la Real Sociedad. Por eso lo mejor es poder opinar con conocimiento de causa. Para ello conviene acercarse al campo de Anoeta una tarde de fútbol y disfrutar del ambiente de un estadio precioso y un público tan apasionado como comedido.

Coros, orfeones, *otxotes*

La proverbial afición de los vascos por la música coral tiene en Donostia medidas y niveles. Desde los cotizados conciertos del Orfeón Donostiarra o del Coro Maitea hasta una actuación de *otxotes* —conjunto de ocho cantantes— profesionales o simples aficionados que improvisan tras la cena en una taberna.

Al parque de Cristina Enea

Menos conocido que otros de la ciudad, el parque de Cristina Enea, en el barrio de Egia, está entre los más bellos. Por su frondoso y exótico arbolado, sus estanques y arbustos, por sus praderas y grutas esta antigua finca privada es un remanso de paz. Se puede acceder en ascensor desde el río Urumea.

La ciencia a tu alcance

El parque Miramón es un amplio espacio verde situado en Aiete, en los alrededores de la ciudad. Aquí se encuentra el Kutxa Espacio de La Ciencia, un centro dedicado al ocio y la divulgación de las ciencias de la tierra, el mar y los cielos. El planetario y el observatorio astronómico tienen mucho éxito.

Sociedades gastronómicas

Si tiene oportunidad y conoce a alguien que conoce a alguien, hágase invitar a una sociedad. Lo normal es que tenga que participar, como cada uno de los socios, en la preparación de la comida, sirviendo la mesa o a la hora de limpiar platos. Pero seguro que lo disfruta. Y ya tienen entrada las mujeres.

Un paseo por la orilla del mar

En cualquier época del año cientos de donostiarras pasean playa arriba y abajo a la orilla del mar. Descalzos para recibir el masaje del agua yodada en los pies y los tobillos. El mejor momento del día es cuando la marea está baja, la playa crece y la arena húmeda se dispone a recibir la huella del paseante.

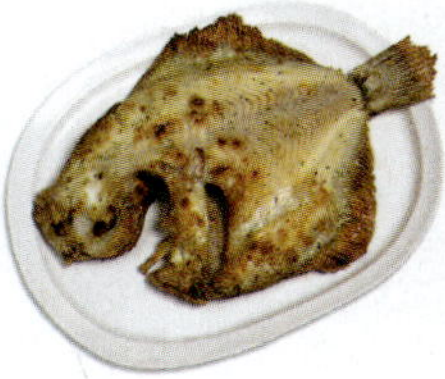

Rodaballo a la parrilla

Pasaia

EN LA BAHÍA DE PASAIA, DONIBANE, COLGADA de las faldas del Jaizkibel, ofrece su única calle que ha de salvar las casas por pasadizos de piedra. Y la plaza de Santiago, abierta a la bahía. Puede llegarse en bote, desde San Pedro, cruzando frente a la estrechísima bocana que se abre paso entre los acantilados de este puerto natural excepcionalmente abrigado. Como hiciera Victor Hugo, ilustre visitante de hace más de siglo y medio.

Plaza de Santiago

Casa Consistorial del XVIII con escudo y balcones corridos. Conjunto de edificaciones tradicionales con pórtico de espléndidos pilares de madera. Una casa con arco apuntado será la más antigua de Pasaia. La plaza pública es amplia, rectangular y abierta al mar. Casas de tres plantas con tejado a dos aguas y generosas balconadas de buena calidad destacando la hilera donde se encuentra el Ayuntamiento

Calle de San Juan

Una sola y extraordinaria calle recorre Pasaia Donibane por el costado oriental de la ensenada. Muchas de las viviendas tienen acceso directo al muelle, mientras la calle cruza las casas por pasadizos de piedra. No faltan escudos en las portaladas, ni llamativas fachadas y hermosas galerías.

Castillo de Santa Isabel

Al final del paseo de la Bonanza, en el punto en que la bahía se estrecha, se levanta el castillo. Edificado a principios del siglo XVII tenía como función controlar el paso de los navíos. De propiedad privada, se conserva en buenas condiciones y ofrece una excelente vista de los acantilados.

La casa de Victor Hugo

Durante el verano de 1843 Pasaia tuvo en Victor Hugo un veraneante de excepción. Cruzó la bahía en el bote, admirándose de la fuerza y destreza de las bateleras. Lo mismo que le ocurrió a Felipe IV, que se llevó a varias de ellas a Madrid para que trabajaran en el estanque del Retiro. Se acomodó en el número 63 de la calle de San Juan, hermosa casa del siglo XVII con acceso directo a la Bahía. Ahora funciona allí, distribuido por sus tres plantas, un interesante museo que recrea la época y biografía del escritor con Pasaia al fondo.

INFORMACIÓN

Tel. 943 34 15 56

www.etxekar.net

Oiartzun

VEGA Y MONTAÑA DEFINEN EL VASTO Y VERDE VALLE en el que se emplaza Oiartzun al resguardo del macizo granítico de Aiako Harria. Clásico pueblo vasco, etapa del camino de Santiago de la costa, Oiartzun destaca por su antigüedad y el valor de su patrimonio: la plaza y la iglesia de San Esteban, el Hospital de Peregrinos de San Juan, la torre de Iturrioz y un sinnúmero de atractivas muestras de buena arquitectura civil.

Plaza de San Esteban

La fuente monumental, el reloj de sol y las casas solariegas que rodean la plaza realzan la presencia del Ayuntamiento de Oiarztun. Edificio barroco del XVII, su fachada presenta cinco grandes arcadas que protegen el atrio y un balcón corrido con dos grandes escudos del valle en sus flancos.

Torre de Iturrioz

Es uno de los mejores ejemplos de arquitectura medieval de Gipuzkoa. Cuadrada, de buena sillería, dispone de tres plantas en las que se abren ventanas geminadas de muy fina traza. Rica decoración en las bóvedas del gran arco de entrada, mientras el voladizo de la cubierta se apoya en trabajadas ménsulas.

San Juan y San Esteban

La basílica de San Juan Bautista, que fue hospital, conserva un extraordinario retablo de fines del XVI de Jerónimo Larrea, discípulo de Anchieta. San Esteban es templo monumental, de planta de salón con poderosos contrafuertes y una torre diseñada por Nicolás de Lizarraga. Retablo mayor de Juan de Huici.

INFORMACIÓN
Tel. 943 49 45 21
www.oiartzun.org

ALREDEDORES

Peñas de Aia

Aiako Harria es un macizo granítico de extraordinaria belleza y gran interés geológico y arqueológico. Una variada fauna habita entre sus extensos bosques de robles y hayas. Arroyos como el del barranco de Aitondo y su cascada de más de 100 metros, el embalse de Añarebe o las cuevas de Landarbarso son puntos de interés. Ofrece numerosos itinerarios posibles. Entre ellos el que lleva al collado de Arritxulegi con restos de la Edad de Hierro tales como los cromlechs de Arritxu Lankgaina, Oianleku y Kanso.

Nuestra Señora del Juncal

Irún, a orillas del Bidasoa y en el estuario del Txingudi es la segunda ciudad de Gipuzkoa. Con el trasfondo de las Peñas de Aia, la antigua Oiasso romana ofrece numerosos e importantes alicientes al curioso. La isla de los Faisanes, donde se firmó la Paz de los Pirineos, por ejemplo. San Marcial y la ermita de Santa Elena con su necrópolis romana. El área natural de Plaiaundi. Y Nuestra Señora del Juncal, con su extraordinaria Virgen Negra.

Templo

Comenzado en 1508, no se terminó hasta 1606 dando lugar a la suma del gótico con el llamado gótico vasco. Exteriormente es una mole de buena piedra de sillería, con pesados contrafuertes y una torre de marcado aire defensivo. La zona más antigua es la cabecera, con caracteres góticos en las columnas adosadas a los muros.

AROTZ-ENEA
Jaizubia, 10 (Hondarribia).
Tel. 943 64 23 19
Perdido en los más recónditos y bellos paisajes hondarribitarras, Arotz-Enea es un remanso de paz, tranquilidad y silencio. La finca se encuentra en una explotación agrícola y ganadera.
(Ver pág. 132).

Plaiaundi

El humedal del Parque Ecológico de Plaiaundi es uno de los pasos migratorios más importantes para las aves procedentes de Europa. Consta de dos lagunas interiores conectadas con el ritmo mareal a través de un sistema de compuertas. Además tiene una playa intermareal, una laguna de agua dulce, observatorios y el Centro de Interpretación a la entrada del parque.

Imagen de Nuestra Señora del Juncal

El retablo barroco del altar mayor fue diseñado por Bernabé Cordero y las esculturas ejecutadas por Juan Bascardo. Presidiendo el retablo hay una imagen románica de la Virgen del Juncal con influencias bizantinas. Es la más antigua que se conoce en Gipuzkoa.

MONASTERIO DE LA SAGRADA FAMILIA
Barrio de Mendelu-Zar, s/n (Hondarribia).
Tel. 943 64 19 73
Inmensas praderas rodean por los cuatro costados a este joven monasterio. Las carmelitas ofrecen una pequeña hospedería que está en la parte baja del cenobio. Los huéspedes deben participar en la liturgia bilingüe. *(Ver pág 133).*

INFORMACIÓN
Tel. 943 62 26 27
www.irun.org
www.bidasoaturismo.com

Hondarribia esencial

Casco histórico

Las murallas encierran el casco antiguo de Hondarribia. Es un recinto de planta rectangular con calles trazadas en cuadrícula que conservan un importante conjunto edificado con edificios de notable interés en plazas como la de Armas o las calles Nagusia, Pampinot y San Nicolás.

Plaza de Gipuzkoa

Apenas cruzar el arco de Santa María aparece esta regular plaza construida en los años setenta del siglo pasado, siguiendo el modelo de arquitectura tradicional, respetuosa con el resto del casco antiguo. Abundan las tiendas y los cafés.

La Marina

La Magdalena fue el núcleo primitivo de Hondarribia, arrabal después de la ciudad histórica. Ahora es su centro neurálgico en el que las coloristas fachadas de sus casas de pescadores, con las balconadas de madera, enmarcan un animado barrio.

Playa y puerto

Hondarribia tiene una pequeña pero cómoda playa, muy concurrida en verano. Detrás de ella se encuentra el puerto deportivo y, más adelante, bajo el cabo Higuer, se emplaza el puerto pesquero.

Jaizkibel

En las inmediaciones de Hondarribia, santuarios, caseríos, castillos y fortines se asientan por las laderas del Jaizkibel, formidable barrera montañosa al borde del Cantábrico. Desde Hondarribia hasta Pasaia una carreterita permite una soberbia pequeña excursión.

HONDARRIBIA ES LA JOYA PRINCIPAL EN EL CANTÁBRICO. Copropietaria con Hendaia de una espléndida playa partida en dos por el estuario del Txingudi, un barquito une ambas orillas. Tres espacios componen la oferta hondarribitarra: el amurallado casco histórico, con la fortaleza de Carlos V y la iglesia; la Marina y sus vistosas casas de pescadores; finalmente el Jaizkibel, espectacular barrera montañosa que la protege de las galernas cantábricas.

Murallas

La primera muralla la iniciaron los reyes navarros, pero fue Alfonso VIII de Castilla quien fortificó la villa. Buena parte fue destruida en el asedio francés de 1795, pero se conservan los flancos sur y oeste, este último el más íntegro, con los baluartes de la Reina y de Leyba.

Castillo de Carlos V

Rotundo y sólido edificio de planta cuadrada con equilibrada fachada sin concesiones. El núcleo central corresponde al Medievo mientras que el resto es de tiempos de Carlos V, incluidas las naves laterales de bóveda ojival. Funciona como Parador Nacional de Turismo.

Puerta de Santa María

Es una de las dos entradas principales que tenía la muralla de Hondarribia. Tuvo puente levadizo, cuerpo de guardia y capilla. Ahora tan sólo queda el sencillo arco sobre el que campea el escudo de la ciudad. A la izquierda, el cubo de Santa María del siglo XVI.

Torre de Etxebeste

En la calle del Obispo, junto a la muralla, se levanta esta casa-torre que actualmente aloja un hotel. Su singularidad pasa por ser la única que queda de las casas-torre que se encontraban junto a las murallas de Hondarribia.

Casco histórico

ESTA HONDARRIBIA FORTIFICADA DISFRUTA de un apretado casco, magníficamente conservado, que se recoge en torno a la plaza de Armas, el castillo de Carlos V y la iglesia. Patear sus calles y plazuelas es un placer inevitable, cuajadas como están de rincones, viejos caserones, palacios renacentistas y barrocos. Hasta la reinventada plaza de Gipuzkoa, que rememora el estilo medieval del conjunto, tiene un encanto especial.

Santa María

Adosada a la muralla, el rotundo perfil de Santa María de la Asunción y del Manzano forma, junto al cubo del castillo, la estampa más característica de la ciudad alta. Es templo gótico con aportaciones renacentistas (siglos XV y XVI). La torre campanario es barroca, de 1766, obra de Francisco de Ibero.

Plaza de Armas

Generoso espacio flanqueado por la muralla, las coloristas y estrechas fachadas de las casas y el tremendo volumen del castillo de Carlos V, actual Parador de Turismo. Se atribuye al rey navarro Sancho Abarca su primera construcción en el siglo X. Su imponente fachada es del tiempo del emperador.

Calle Mayor

Todas tiene su encanto, pero detaca la Kale Nagusia. Sobresalen los aleros con canecillos de sus casas, los balcones de forja y sus escudos. Son notables el barroco Ayuntamiento y casonas como las de Casadevante y Zuloaga, el entramado de la casa Iriarte y el ladrillo azul de los Ladrón de Guevara.

INFORMACIÓN
Tel. 943 64 54 58
www.hondarribia.com
www.bidasoa-txingudi.com

PARADOR DE HONDARRIBIA

Plaza de Armas, 14.
Tel. 943 64 55 00
Castillo del siglo X. En el patio interior se han respetado los muros originales; en la zona trasera, el huésped descubre una agradable terraza para tomar el aperitivo observando los reflejos de los barcos en el agua. *(Ver pág. 133).*

OBISPO

Plaza del Obispo, 1.
Tel. 943 64 54 00
Palacio fechado en los siglos XV y XVI. Una de las arquitecturas góticas más antiguas de Hondarribia. Las habitaciones están amuebladas con sillas de enea, puertas de castaño y veladores rústicos. *(Ver pág. 133).*

La Marina

Hondarribia gira en torno al encanto que desborda el barrio de La Marina. Las calles de San Pedro, Santiago y Santa María Magdalena son la quintaesencia de la mejor escenografía marinera. Las casas, con sus coloristas balcones cuajados de flores, los bares y restaurantes, los comercios que sacan a la calle sus cajones de frutas, setas, hortalizas y demás lujos del paladar componen una estampa digna de ser vivida aunque sólo sea por un rato.

Casas de *arrantzales*

En tiempos, el arenal en el que varaban las ballenas llegaba hasta La Marina misma. Ahora las viejas casas de los *arrantzales* ofrecen vistosas sus grandes balconadas de madera cuajadas de flores y pintadas de verde, rojo y azul. En la calle, animados bares y terrazas.

El buen comer

El arte de comer bien ofrece numerosos registros. El primero esa alta cocina en miniatura a base de los mejores pinchos tomados a pie de barra. A mesa y mantel se puede optar por los

establecimientos tradicionales de la calle de San Pedro y Zuloaga o alguno de los restaurantes más afamados de Euskadi.

Puertos

Dos puertos tiene Hondarribia. El deportivo es el más próximo a La Marina. Tiene capacidad de amarre para 700 embarcaciones. Más allá, en el extremo del Txingudi se encuentra el puerto de pescadores. Ofrece un encanto especial, al abrigo del Jaizkibel y del cabo Higuer y los barcos de bajura de los *arrantzales*.

PAMPINOT

Mayor, 5.
Tel. 943 64 06 00
La calle Mayor ondarribitarra atesora, en pleno casco histórico, un palacio de 1587. Sus propietarios han logrado la definición perfecta de lo que es un hotel con encanto. En los dormitorios no faltan piezas de anticuario. *(Ver pág 133)*.

CASA IKETXE

Barrio Arkoll Auzoa.
Tel. 943 64 43 91
Es una referencia de calidad y buen gusto en medio de los bucólicos y almohadillados prados hondarribitarras. Y eso que este genuino caserío vasco, impecable en sus formas tradicionales, es de nueva construcción. *(Ver pág. 132)*.

Jaizkibel

EN LA CRESTA DEL JAIZKIBEL, FRONTERA con el Cantábrico, el verbo mirar adquiere todo su sentido. Además de extraordinarias vistas sobre la costa, ofrece un poco de todo: el Santuario de Guadalupe con su Virgen Negra o castillos como el de San Telmo, que también llaman de los piratas. Más arriba, el fuerte de Guadalupe, y en la cumbre más alta el de San Enrique. El Jaizkibel abunda además en caseríos, la típica vivienda vasca.

Castillos y fuertes

Junto al antiguo fondeadero de Asturiaga está San Telmo, castillo construido por orden de Felipe II. Fue reconvertido en polvorín en el siglo XVIII. En lo alto del Jaizkibel se encuentra el llamativo Fuerte de San Enrique, construido durante la carlistada. Un tercer e interesante fortín es el de Guadalupe.

Cabo y faro de Higuer

El faro de Higuer fue construido en 1854 y cuenta con la torre y la casa del farero. En sus alrededores dos miradores permiten contemplar fantásticas vistas sobre la costa francesa y las calas del Jaizkibel. La carretera que conduce a Lezo es también un extraordinario mirador.

Nuestra Señora de Guadalupe

En la ladera del Jaizkibel, bien visible su alta torre desde casi cualquier rincón de Hondarribia, guarda la imagen de la patrona. Su origen se remonta al siglo XVI, pero ha sido reconstruida en innumerables ocasiones a causa de los sitios que sufrió la ciudad. El edificio actual es del siglo XIX.

CASERÍO MAIDANEA
Barrio Arkoll.
Tel. 943 64 08 55
Ningún elemento exterior delata que este genuino caserío vasco es de nueva construcción. La casa ofrece un magnífico entorno de campo; en el interior, un gran salón con chimenea y habitaciones abuhardilladas. *(Ver pág. 133).*

JAIZKIBEL
Baserritar Etorbidea, 1.
Tel. 943 64 60 40
Las faldas del monte Jaizkibel han acogido al primer retoño de la vanguardia en Hondarribia. La mística zen se apodera en cierto modo de las estancias, pero huye de la dureza de aristas que impone la moda actual. *(Ver pág. 133).*

Alojamientos y restaurantes

A MÁS DE 30 € **B** 21-30 € **C** 12-21 € **D** MENOS DE 12 €

Alojamientos y restaurantes

Guipúzcoa/ Gipuzkoa

Aia

TXANGILUENEA
Gozategi Plaza.
Tel. 606 10 24 23
Casona original vasca del siglo XVIII. Mimada decoración, acogedores dormitorios con cuarto de baño propio, falsos estucos en las paredes y amplitud de espacios.
Precio casa: 155 €.

Astigarraga

MONASTERIO IPINTZA BURU
Agineta Bidea, 1.
Tel. 943 33 57 77
La hospedería ocupa una casa anexa al monasterio. La independencia es absoluta, aunque quien aquí llegue tendrá que dar el nombre de la parroquia que le recomienda y asistir a los oficios religiosos.
Precio: consultar.

Deba

CASERÍO ARRUAN-HAUNDI
Barrio de Lastur.
Tel. 943 60 37 04
Para quienes buscan el espíritu primigenio del turismo rural, aquel nacido con el doble objetivo de ser complemento a la actividad agropecuaria del casero e inmersión en la verdadera realidad de la vida en el campo. Precio casa: 75-84 €.

URGAIN
Arenal, 5.
Tel. 943 19 11 01
Carta de temporada en la que predominan los platos inspirados en el recetario clásico. Sabrosos pescados y guisos marineros. Aconsejable el rodaballo asado. Tarta tatín, de postre. Amplia bodega. Precio: **A**

Errenteria

BAR JULI
Viteri, 27.
Tel. 943 51 00 02
Algunos de los mejores pinchos del País Vasco se sirven en su barra. Y en su comedor, menús muy sabrosos que mezclan los pinchos con las recetas de cuchara. Ensaladas, carnes y pescados de óptima calidad. Precio: **A**

MUGARITZ
Caserío Otzatzulueta Aldura Aldea, 20.
Tel. 943 52 24 55
Andoni Aduriz ha alcanzado en poco tiempo una fama más que justificada. Elabora recetas sorprendentes que revelan una fértil imaginación. Interesantes menús. Ocupa un caserío decorado con estilo moderno. Postres de altura. Precio: **A**

Getaria

ELKANO
Herrerieta, 2.
Tel. 943 14 06 14
Los pescados a la parrilla encuentran en este clásico local su gran santuario. Excelentes productos cuyo nivel es difícilmente superable. Fogones que se abastecen de la lonja de Getaria y de sus propios viveros. *Txakoli* de la zona.
Precio: **A**

IRÍBAR JATETXEA
Nagusia, 34.
Tel. 943 14 04 06
Emblemático local cercano al puerto. Sigue ofreciendo pescados de calidad al horno o a la parrilla y buenas carnes rojas. Tartas caseras. Precio: **B**

KAIA
General Arnau, 4.
Tel. 943 14 05 00
Situado en el casco viejo. Magníficos pescados y carnes a la parrilla. Para finalizar, helado de la casa. Dispone de terraza y un mirador con vistas al mar. Local de ambiente marinero. Precio: **A**

Hernani

FAGOLLAGA
Ereñozu Auzoa, 68 (Barrio Fagollaga).
Tel. 943 55 00 31
Isaac Salaberría, cocinero perfeccionista, continúa en línea ascendente. Elabora una moderna cocina que se mantiene en punta de vanguardia. También tienen cabida en la carta platos clásicos del recetario vasco. Postres sorprendentes.
Precio: **A**

Hondarribia

AROTZ-ENEA
Jaizubia, 10.
Tel. 943 64 23 19
Perdido en los más recónditos y bellos paisajes hondarribitarras, Arotz-Enea es un remanso de paz, tranquilidad y silencio. La finca se encuentra en explotación agrícola y ganadera, con varios miles de manzanos y algún centenar de ovejas. Además, los clientes tienen a su disposición un gran jardín con césped, parterres de flores y bosquetes de robles, hayas y castaños. Habitación doble: 45-55 €.

CASA IKETXE
Barrio Arkoll Auzoa.
Tel. 943 64 43 91
Iketxe es una referencia de calidad y buen gusto en medio de los bucólicos y almohadillados prados hondarribitarras. Las tres habitaciones de la planta baja son generosas de espacio, sugerentes de decoración y con una terraza propia. En el piso de arriba se han preparado otros tres dormitorios, todos de igual calidad. Habitación doble: 47-55 €.

CASERÍO MAIDANEA
Barrio Arkoll.
Tel. 943 64 08 55
La casa ofrece un magnífico entorno de campo, en las afueras de Hondarribia, rodeada por prados y arboledas. En el interior, el huésped encontrará un gran salón con chimenea, decorado con arcones y aparadores antiguos y algún trofeo de caza, además de otro salón-cocina donde se sirven los desayunos. En el segundo piso se han instalado las habitaciones, abuhardilladas y de un gusto muy afrancesado. Habitación doble: 47-55 €.

JAIZKIBEL****
Baserritar Etorbidea, 1.
Tel. 943 64 60 40
www.hoteljaizkibel.com
Esencialmente moderno, este poliedro de hormigón y madera de iroco se encuentra en el interior de un recinto cerrado con murete y sembrado de castaños. Interiores minimalistas. Ambiente tranquilo y un equipamiento a la última. Buenos desayunos, servidos en la terraza. Habitación doble: 100-140 €.

MONASTERIO DE LA SAGRADA FAMILIA
Barrio de Mendelu-Zar, s/n.
Tel. 943 64 19 73
Inmensas praderas rodean por los cuatro costados a este joven monasterio. Las carmelitas ofrecen una pequeña hospedería que está en la parte baja del cenobio. Los huéspedes deben participar en la liturgia bilingüe. Precio: consultar.

OBISPO***
Plaza del Obispo, 1.
Tel. 943 64 54 00
www.hotelobispo.com
Don Cristóbal de Rojas y Sandoval, obispo de diversas diócesis y arzobispo de Sevilla, da nombre a este edificio gótico. Las habitaciones, bien equipadas, exhiben una decoración en la que predomina la piedra labrada, las sillas de enea, las puertas de castaño y los veladores. Habitación doble: 91-132 €.

PAMPINOT***
Mayor, 5.
Tel. 943 64 06 00
www.hotelpampinot.com
Es un palacio renacentista de 1587 que funcionó como sidrería, carnicería y también como residencia de la infanta María Teresa, camino de sus esponsales con Luis XIV de Francia. Actualmente pertenece a Olga Álvarez y Fernando Navas, quienes, además de desvivirse en atender a los huéspedes, han sabido decorar el alojamiento con mucho gusto. Habitación doble: 90-125 €.

PARADOR DE HONDARRIBIA***
Plaza de Armas, 14.
Tel. 943 64 55 00
www.parador.es
Por orden de Sancho Abarca, rey de Navarra, se edificó esta fortaleza. La decoración de sus interiores combina cañones, lanzas, armaduras y tapices con elementos más modernos. Habitaciones generosas en equipamiento, de ambientación sobria. Habitación doble: 169 €.

ALAMEDA
Minasoroeta, 1.
Tel. 943 64 27 89
Gorka Txapartegui mantiene su restaurante en una línea innovadora y en constante evolución. En verano, las comidas en su acogedora terraza son todo un privilegio. Precio: **A**

LA HERMANDAD DE PESCADORES
Zuloaga, 12.
Tel. 943 64 27 38
Su incondicional clientela acude para disfrutar de guisos de pescado como las cocotxas en salsa verde. Cocina casera de esencia local realizada con materias primas de calidad. Postres tradicionales. Precio: **B**

RAMÓN ROTETA
Irún, 1 (Villa Ainara).
Tel. 943 64 16 93
Fiel a su trayectoria, trabaja con acierto los productos del mar. Cocina elegante presentada con mimo y delicadeza. Tarta de la casa. Ocupa un precioso chalé. Precio: **A**

SEBASTIÁN
Mayor, 9-11.
Tel. 943 64 01 67
En sus platos se aprecia la influencia de la cocina francesa. Se aconseja el foie-gras. Caza en temporada. De postre, tarta de queso. Precio: **A**

Irun

JAIZUBÍA
Kaskotegui, 6.
Tel. 943 61 80 66
Prosigue fiel a las recetas de temporada que elabora con materias primas de calidad. Buen surtido de tartas. Bodega cuidada. Precio: **A**

LARRETXIPI
Larretxipi, 5.
Tel. 943 63 26 59
Local encantador de ambiente familiar, donde se sirven sabrosas recetas caseras elaboradas sin rebuscamientos y con buenos productos. Aconsejables los chipirones salteados sobre arroz y tinta negra. Repostería artesana. Precio: **B**

Lasarte-Oria

MARTÍN BERASATEGUI
Loidi Kalea, 4.
Tel. 943 36 64 71

De año en año, la superación de Martín Berasategui queda en evidencia. Sus recetas son un maravilloso comprendio de creatividad, técnica y sabiduría. Maneja materias primas inmejorables con una destreza magistral. Postres deslumbrantes. Precio: **A**

Oiartzun

LINTZIRIN***
Ctra. N-I Madrid-Irun, km 469.
Tel. 943 49 20 00
www.hotellintzirin.com
Discreto edificio ubicado a un paso de la frontera franco-española. Interiores funcionales y equipados con corrección. Trato cordial. Habitación doble: 59-75 €.

USATEGIETA****
Maldaburu Bidea, 15
(Barrio Gurutze).
Tel. 943 26 05 30
www.hotelusategieta.com
Inaugurado en 2002, se encuentra entre el monte Jaizkibel y el Parque Natural Peñas de Aia. Cada una de sus 13 habitaciones guarda su propia personalidad, aunque todas lucen una decoración rústica. Ambiente familiar y cocina de mercado de calidad. Habitación doble: 92-143 €.

GURUTZE-BERRI
Plaza Bizardia, 7.
Tel. 943 49 06 25
Sigue los dictámenes del recetario vasco tradicional con productos correctamente seleccionados. Postres de la casa. Precio: **B**

MATTEO
Ihurrita, 2
(Barrio de Ugaldetxo).
Tel. 943 49 11 94
Continúa fiel a su trayectoria. Cocina vasca tradicional con toques modernos. Ofrece una carta variada con menú de temporada y menú degustación. Agradable local que cuenta con un comedor decorado al estilo rústico y otro moderno. Precio: **A**

ZUBEROA
Plaza de Bekosoro, 1
(Barrio de Iturriotz).
Tel. 943 49 12 28
Hilario Arbelaitz, en su precioso caserío del siglo XVI, deleita con platos de filigrana llenos de imaginación y una técnica impecable. Bodega cuidada. Terraza para el buen tiempo. Precio: **A**

Pasaia

IZKIÑA
Euskadi Etorbidea, 19
(Distrito Trintxerpe).
Tel. 943 39 90 43
Popular marisquería en la que se ofrecen productos de calidad sobresaliente. Imprescindible probar las cigalitas fritas y el salpicón. Además, suculentos guisos. Bodega correcta. Dispone de vivero propio. Precio: **A**

San Sebastián/ Donostia

ABBA LONDRES Y DE INGLATERRA****
Zubieta, 2.
Tel. 943 44 07 70
www.hlondres.com
Construcción de 1865, con fachada de estilo neoclásico, perfectamente conservada y emplazada frente a la playa de La Concha. Presenta unas habitaciones equipadas al detalle. Habitación doble: 131-175 €.

CENTRO DE TALASOTERAPIA LA PERLA
Pº de La Concha, s/n.
Tel. 943 45 88 56
Los edificios de La Perla extienden su hermosa arquitectura sobre la arena. Fue inaugurado en 1912 y de él se dijo que era el balneario más hermoso del mundo. Circuito de puesta en forma disfrutando, de paso, de unas espléndidas vistas. Precio: programa/un día: 55 €.

LA GALERÍA**
Infanta Cristina, 1-3.
Tel. 943 21 60 77
www.hotellagaleria.com
Construcción de 1890, con fachada de estilo neoclásico francés. Cuenta con habitaciones generosas de espacio, correctas en equipamiento y muy modernas. En su decoración abundan los muebles clásicos y un ventilador de techo que les aporta cierto aire colonial. Habitación doble: 93-110 €.

MARÍA CRISTINA*****
Oquendo, 1.
Tel. 943 43 76 00
www.westin.com
Emplazado en el centro histórico de la ciudad, con vistas al río Urumea y al mar Cantábrico. Fue inaugurado por la reina regente María Cristina, de quien recibe el nombre. Sus majestuosos interiores, propios de la *belle époque,* aparecen decorados con todo lujo y esplendor. Habitación doble: 331-619 €.

NICOL'S**
Pº de Gudamendi, 21.
Tel. 943 21 57 99
www.hotelnicols.com
Rodeado por amplios jardines, en medio de una finca a las afueras de la ciudad de San Sebastián, ofrece habitaciones sencillas y funcionales, aunque confortables. Habitación doble: 59-87 €.

PALACIO DE AIETE****
Goiko Galtzara Berri, 27.
Tel. 943 21 00 71
www.hotelpalaciodeaiete.com
Moderno y funcional, se ubica al lado de la ermita de Gurutzeaga, en lo alto de la

ciudad. Las estancias, bien pertrechadas, lucen una decoración sencilla en la que predomina la madera. Sauna, *jacuzzi* y gimnasio dentro del propio establecimiento. Habitación doble: 120-130 €.

PARMA**

Pº de Salamanca, 10.
Tel. 943 42 88 93
www.hotelparma.com
Céntrico y modesto, frente a la desembocadura de la ría del Urumea. Habitaciones sencillas, funcionales y bien pertrechadas. Habitación doble: 83-121 €.

PENSIÓN AIDA***

Iztueta, 9.
Tel. 943 32 78 00
www.pensionesconencanto.com
Próxima a la estación de Renfe, sus interiores exhiben una decoración sencilla, aunque cuidada, en estilo moderno y algunos toques rústicos. Cada habitación es distinta. Habitación doble: 48-72 €.

VILLA SORO****

Avda. de Aterrogieta, 61.
Tel. 943 29 79 70
www.villasoro.com
Una recoleta villa de finales del siglo XIX, declarada patrimonio histórico de la ciudad de San Sebastián. Sus estancias, lujosas y equipadas al detalle, se distribuyen entre la construcción principal y un edificio anejo revestido de ladrillo inglés que antaño ocupaban las caballerizas. Habitación doble: 150-190 €.

AKELARRE

Pº del Padre Orcolaga, 56 (Igeldo). Tel. 943 31 12 09
La cocina creativa y elegante de Pedro Subijana es una de las más reconocidas del panorama culinario peninsular. Platos de envergadura que no dejan de evolucionar. Amplia carta de vinos, cafés e infusiones. Ubicado en un precioso marco. Precio: **A**

ARZAK

Alto de Miracruz, 21.
Tel. 943 27 84 65
La trayectoria de Juan Mari Arzak es un ejemplo de sabiduría y prestigio. Su cocina se caracteriza por la delicadeza y la originalidad, sin dejar de lado el recetario vasco. Platos en constante proceso de evolución. Bodega y servicio magistrales. Precio: **A**

ASTELENA

Euskal Herria, 3.
Tel. 943 42 58 67
Emblemático local donde se trabaja una cocina de raíz popular. Buenas materias primas. Repostería cuidada. Precio: **A**

BODEGÓN ALEJANDRO

Fermín Calbetón, 4.
Tel. 943 42 71 58
Local reconocido por su menú de precio fijo. Cocina popular y buenos guisos marineros, como el arroz cremoso. Precio: **B**

CASA URBANO

31 de Agosto, 17.
Tel. 943 42 04 34
Asador donde se preparan platos típicos elaborados con sencillez. Destacan los pescados a la parrilla. Precios sensatos y una bodega suficiente. Precio: **B**

CASA UROLA

Fermín Calbetón, 20.
Tel. 943 42 34 24
Concurrido local. Nunca defrauda por la calidad de sus propuestas de mercado. Carnes y pescados de buena calidad. Posee su propio vivero de mariscos. Repostería cuidada. Hay que reservar. Precio: **A**

CHOMIN

Avda. Infanta Beatriz, 16.
Tel. 943 31 73 12
Restaurante acogedor donde se sirven platos clásicos de la cocina vasca. El local dispone de terraza para el buen tiempo. Precio: **A**

KUKUARRI

Vitoria-Gasteiz, 1.
Tel. 943 21 67 26
Ubicado en el interior del hotel NH Aránzazu. El joven Iñigo Lavado, discípulo de Martín Berasategui, es un cocinero perfeccionista y sensible, que elabora una cocina de vanguardia. Interesantes menús. Precio: **A**

KURSAAL

Zurriola, 1.
Tel. 943 00 31 62
Ubicado en el moderno palacio de congresos. Su cocina se ha consolidado. Sirve platos del recetario vasco actualizados y muy cuidados. Se aconsejan los pescados y el foie-gras. Precio: **A**

LANZIEGO

Triunfo, 3. Tel. 943 46 23 84
Local de reconocido prestigio que ofrece notables propuestas tradicionales del recetario casero. Raciones abundantes y servicio familiar. Precio: **A**

MIRAMÓN-ARBELAITZ

Mikeletegui, 53 (Parque Tecnológico de Miramón).
Tel. 943 30 82 20
Conviene probar sus menús gastronómicos, muy originales, y los menús del día a precios razonables. Local de aire vanguardista en el que Jose Mari Arbelaitz realiza alta cocina moderna. Precio: **A**

REKONDO

Pº de Igueldo, 57.
Tel. 943 21 29 07
Cocina vasca tradicional. Sabrosas recetas de temporada con materias primas de calidad. Amplia bodega con variedad de vinos nacionales e internacionales. Bonita terraza. Precio: **A**

UREPEL
Pº de Salamanca, 3.
Tel. 943 42 40 40
Algunas de sus propuestas denotan aires modernos, aunque el grueso de su oferta se adecua al recetario vasco tradicional. Triunfa a base de buenas materias primas y precios razonables. Hay que reservar. Precio: **A**

Usurbil

SALTXIPI
Txoko-Alde, 23.
Tel. 943 36 11 27
Emblemático local donde se trabaja una materia prima excelente. Aconsejables tanto los pescados como las carnes a la parrilla. Ocupa un caserón con parque infantil en el exterior. Precio: **A**

Zarautz

KARLOS ARGUIÑANO****
Mendilauta, 13.
Tel. 943 13 00 00
www.hotelka.com
Propiedad del televisivo cocinero. Antiguo caserío situado frente a la playa de Zarautz. Habitación doble: 110-183 €.

AITEN-ETXE
Ctra. de Getaria, 3.
Tel. 943 83 18 25
Platos tradicionales con buenas materias primas: destcan pescados y mariscos a la parrilla y ensalada de bogavante. Postres de la casa. Viveros propios. Precio: **A**

KARLOS ARGUIÑANO
Mendilauta, 13.
Tel. 943 13 00 00
Fiel a su trayectoria, continúa elaborando una equilibrada cocina con criterios contemporáneos. Repostería cuidada. Ocupa una preciosa casona-palacete frente al mar. Precio: **A**

MARINA BERRI
Barrio de Santiago, 1 (Puerto Deportivo).
Tel. 943 86 56 17
Sirve platos resueltos con criterio. Presentaciones elegantes que denotan una exquisita sensibilidad. Postres en la misma línea. Vistas al puerto deportivo. Precio: **A**

OTZARRETA
Santa Clara, 5.
Tel. 943 13 12 43
Cocina tradicional. Aconsejable las cigalas y la perdiz estofada. Cuidada dulcería. Precio: **A**

Zumaia

CENTRO DE TALASOTERAPIA HOTEL ZELAI***
Larretxo, 16.
Tel. 943 86 51 00
www.talasozelai.com
Construido sobre un antiguo palacete al borde del mar, en un idílico acantilado de la playa de Itzurun. Vestíbulo de proporciones espectaculares, rotonda con lucernario, restaurante gastronómico y centro de talasoterapia. Habitaciones con buenas vistas al mar y un equipamiento a la última. Habitación doble: 90-120 €.

LANDARTE
Ctra. Artadi, 1.
Tel. 943 86 53 58
www.landarte.net
El gran acierto de esta casa rural ha sido el de combinar la esencia histórica de una casona guipuzcoana del siglo XVI con un interiorismo atrevido y diferente. Landarte rezuma tradición pero a la vez está lleno de guiños pícaros hacia todos los gustos decorativos. El caserío se halla rodeado de los suaves prados de la montaña vasca, pero a un tiro de piedra de la costa de Zumaia, cuyo puerto se ve desde el espléndido balcón de la habitación número cinco. Habitación doble: 62 €.

BEDUA
Ctra. Zumaia-Meagas, km 2.
Tel. 943 86 05 51
Restaurante de ambiente rústico que ocupa un antiguo astillero. Pescados y carnes a la parrilla. Aconsejables las setas, la tortilla de patatas y el arroz con leche. Precio: **A**

Vizcaya/Bizkaia

Bakio

JOSHE MARI*
Benta Alde, 31. (Bentalde).
Tel. 946 19 40 05
www.bakio.com
En el centro de la localidad, en un edificio de nueva planta de aire colonial. Sus interiores han sido decorados en un estilo clásico y elegante con algunos motivos rústicos. Las estancias, todas coquetas y bien equipadas. Restaurante de prestigio en la comarca. Habitación doble: 55-65 €.

ENEPERI
Barrio San Pelayo, 89. (San Pelaio).
Tel. 946 19 40 65
Ocupa un típico caserío vasco del siglo XVIII. Integran su carta pescados frescos y carnes a la brasa. Precio: **A**

Bermeo

AGUIRRE
Lopez de Haro, 5.
Tel. 946 88 08 30
Excelente repertorio de mariscos y pescados frescos. Recetas caseras elaboradas con buenos productos locales. Precio: **C**

JOKIN
Eupeme Deuna, 13.
Tel. 946 88 40 89
Las propuestas de temporada y los guisos marineros configuran el eje de su carta. Pescados frescos y mariscos de su propio vivero. Repostería artesanal. Precio: **A**

Bilbao/Bilbo

BARCELÓ HOTEL NERVIÓN***
Pº Campo Volantín, 11.
Tel. 944 45 47 00
www.bchoteles.com
Totalmente renovado, el antiguo hotel Nervión incluye el concepto multiestrella, que permite que el huésped escoja la categoría que se desea para la estancia, desde tres a cinco estrellas. Agrada a los clientes de negocios que lo frecuentan gracias al completo equipamiento de sus habitaciones. Salones para reuniones y convenciones. Habitación doble: 55-139 €.

CARLTON*****
Plaza Federico Moyúa, 2.
Tel. 944 16 22 00
www.aranzazu-hoteles.com
Ocupa un edificio de estilo francés diseñado por el arquitecto Manuel María Smith Ibarra. Interiores de atmósfera decadente. Destacan el gran salón *belle époque,* cubierto por una gran cúpula de cristal, y el bar de estilo inglés, con una rosa de los vientos en el suelo de mármol. Habitación doble: 100-185 €.

GRAN HOTEL DOMINE BILBAO*****
Alameda de Mazarredo, 61.
Tel. 944 25 33 00
www.granhoteldominebilbao.com
El primer hotel de autor en España es fruto de la colaboración entre el diseñador Javier Mariscal y el arquitecto Iñaki Aurrekoetxea. Interiores que mezclan la rotulación y la ebanistería, y dormitorios donde el nogal y el haya dan una gran sensación de calidez y comodidad. Habitación doble: 230 €.

GRAN HOTEL ERCILLA****
Ercilla, 37-39.
Tel. 944 70 57 00
www.hotelercilla.es
Moderno, cosmopolita y de grandes dimensiones, el hotel es conocido por su bar de estilo inglés. Las habitaciones, pulcras y equipadas al detalle, lucen una decoración muy elegante. Dispone de unas completas instalaciones equipadas con los últimos avances tecnológicos. Restaurante de calidad especializado en cocina vasca tradicional. Habitación doble: 83-152 €.

HUSA JARDINES DE ALBIA****
San Vicente, 6.
Tel. 944 35 41 40
www.husa.es
Moderno y funcional, situado en las cercanías del museo Guggenheim. Su decoración sigue la línea funcional habitual en los hoteles Husa, aunque no está exenta de calidez, especialmente en los dormitorios. Habitación doble: 78-165 €.

LÓPEZ DE HARO*****
Obispo Orueta, 2.
Tel. 944 23 55 00
www.hotellopezdeharo.com
Silencioso y tranquilo, está cerca de la ría de Bilbao, algo apartado del bullicio urbano. Las habitaciones, completas en equipamiento, lucen muebles de madera noble, alfombras persas, óleos de firma, diversos tipos de mármoles y tapicerías de seda de Gastón y Daniela. Cocina vasco-francesa. Habitación doble: 128-248 €.

MIRÓHOTEL****
Alameda de Mazarredo, 77.
Tel. 902 11 77 77
www.mirohotelbilbao.com
El reconocido diseñador que le da nombre, Antonio Miró, se ha encargado de combinar vanguardia y tradición local. Frente al museo Guggenheim. Habitación doble: 170 €.

PETIT PALACE ARANA***
Bidebarrieta, 2.
Tel. 944 15 64 11
www.hthoteles.com
Caserón de vecinos del casco viejo situado cerca del Teatro Arriaga. Interiores de piedra vista, ambiente coqueto y acogedor en un establecimiento de pequeñas dimensiones pero bien aprovechado, y con buena relación calidad-precio. Habitación doble: 85-90 €.

SHERATON BILBAO*****
Lehendakari Leizaola, 29.
Tel. 944 28 00 00
www.sheraton.com/bilbao
Situado junto al palacio de Congresos Euskalduna, la decoración de sus interiores está inspirada en la obra de Chillida. Las estancias, amplias y equipadas al detalle, han sido decoradas en tonos marrones y blancos. Enorme piscina en la sexta planta. Habitación doble: 115-180 €.

ARBOLA-GAÑA
Alameda Conde Arteche, s/n.
Tel. 944 42 46 57
El trabajo de Aitor Basabe se muestra en una cocina de vanguardia con platos muy conseguidos. Buen equilibrio entre técnica y creatividad. Buena selección de materias primas. Postres suculentos. Ubicado en el Museo de Bellas Artes. Precio: **A**

ASADOR OTEIZA
Licenciado Poza, 27.
Tel. 944 41 41 33

Sus especialidades continúan siendo las carnes y pescados a la parrilla. Asador que trabaja con estupendas materias primas de mercado, como los pimientos de Gernika, el bacalao y las anchoas. Precio: **A**

ASADOR RIPA
Muelle de Ripa, s/n.
Tel. 944 24 92 95
Destaca por la calidad de las materias primas y el acertado punto de sus elaboraciones, fruto de la experiencia. Precio: **A**

ASPALDIKO
Zabaloetxe Etorbidea, 14 (Lujua).
Tel. 944 53 14 21
Recetas muy creativas que no abandonan los preceptos de la tradicional cocina vasca. Ubicado en un museo encantador. Precio: **A**

ATLANTA
Gran Vía, 63 (entrada por Estraunza).
Tel. 944 41 53 32
Recetas autóctonas y propuestas más actualizadas. Buenas materias primas (mariscos fresquísimos). Suculentos entrantes. Elegante local situado en el centro de la ciudad. Precio: **B**

BELTZ THE BLACK
Alameda de Mazarredo, 61.
Tel. 944 25 33 00
Restaurante del Gran Hotel Domine Bilbao. Sirve platos modernos que sorprenden agradablemente. Los postres siguen la misma línea. Precio: **A**

BERMEO
Ercilla, 37-39.
Tel. 944 70 57 00
Restaurante del hotel Ercilla, que continúa trabajando los platos del recetario vasco tradicional. Bodega cuidada. Servicio profesional. Ambiente refinado. Precio: **A**

BOLA-VIGA
Enrique Eguren, 4.
Tel. 944 43 50 26
Ideal para degustar excelentes platos de bacalao, especialmente al club ranero y al pil-pil. Además, buen rabo de buey guisado. Postres caseros. Restaurante pequeño y muy concurrido. Reservar previamente. Precio: **B**

CLUB NÁUTICO
Obispo Orueta, 2.
Tel. 944 23 55 00
Restaurante del hotel López de Haro. Propuestas basadas en la cocina vasca tradicional de marcado perfil moderno. Bodega cuidada. Postres de la casa. Precio: **B**

EL PERRO CHICO
Aretxaga, 2.
Tel. 944 15 05 19
Local muy agradable situado en un marco encantador. Sirve correctas recetas de temporada que se basan en los postulados de la cocina vasca. Sobre todo por las noches, hay que reservar. Precio: **B**

EL VIEJO ZORTZI
Licenciado Poza, 54.
Tel. 944 41 92 49
Pequeño y céntrico *bistrot* donde se ofrecen platos elaborados con sencillez y orginalidad. Sabrosas carnes guisadas y estofadas. Concurrida barra con tapas sugerentes. Postres caseros. Precio: **A**

ESTRAUNZA
Gran Vía, 59 Bajo.
Tel. 944 42 23 72
Actualiza con criterio recetas de la cocina vasca. Platos bien elaborados en los que se aprecian influencias del recetario francés. Sabrosas las milhojas de foie y las láminas de bacalao con txangurro. Repostería cuidada. Bodega bien pertrechada. Precio: **A**

ETXANOBE PALACIO DE EUSKALDUNA
Avda. de Abandoibarra, 4.
Tel. 944 42 10 23
Fernando Canales, cocinero con mucha técnica, elabora un tipo de cocina moderna y clásica al mismo tiempo. Los postres también llevan la marca de este joven cocinero, como la sopa de tres chocolates. Precio: **A**

GAZTAÑAGA
Txori Erri, 34.
Tel. 944 53 15 10
Agradable restaurante cercano al aeropuerto. Destaca por una materia prima sobresaliente y bien tratada. Raciones abundantes. Bodega con predilección por los caldos de Rioja. Precio: **A**

GOIZEKO-KABI
Particular de Estraunza, 4-6.
Tel. 944 42 11 29
Fiel a su trayectoria, actualiza con acierto las recetas vascas tradicionales. Notables pescados, carnes y mariscos. Gran variedad de entrantes. Servicio amable. Precio: **A**

GORROTXA
Alameda de Urquijo, 30 (galería).
Tel. 944 43 49 37
Sus cocinas manejan con verdadero primor las materias primas que utiliza. Alta cocina que parte de lo mejor del recetario tradicional vasco para lograr platos de una modernidad clásica. Precio: **A**

GUGGENHEIM
Abandoibarra Etorbidea, 2.
Tel. 944 23 93 33
El restaurante y la cafetería del Guggenheim se han convertido en una referencia obligada en el ámbito gastronómico de Bilbao. José Antonio Martínez Alija prepara una cocina muy imaginativa y ligera repleta de recetas de vanguardia. Precio: **A**

GURÍA
Gran Vía, 66.
Tel. 944 41 57 80
Cocina de temporada. Sobresalen especialmente los platos de bacalao. Buenos menús a precios más asequibles en su *bistrot*. Lista de vinos sobresaliente. Servicio profesional. Ambiente elegante. Precio: **A**

LA CUCHARA DEL EUSKALDUNA
Botika Vieja, 27.
Tel. 944 76 15 59
Ofrece recetas innovadoras muy bien ejecutadas. Buenas materias primas. Se aconsejan los pescados y el foie-gras. Interesante menú degustación. Postres notables. Precio: **A**

LA PÉRGOLA HOTEL NH VILLA BILBAO
Gran Vía, 87.
Tel. 944 41 60 00
Ofrece platos elegantes elaborados con inquietudes creativas. Sobre la base de la cocina vasca tradicional se montan platos modernos. Postres notables. Precio: **B**

VÍCTOR
Plaza Nueva, 2-1°.
Tel. 944 15 16 78
Situado en el casco viejo. Platos tradicionales del recetario vasco. Extensa bodega con más de 1.500 referencias. Para finalizar, cuajada casera. Precio: **A**

YANDIOLA
P° del Campo de Volantín, 15.
Tel. 944 13 40 13
Prestigioso local de estética minimalista y diseño vanguardista. Carta con recetas creativas que conviven con las tradicionales elaboraciones vascas. Imprescindible probar el bacalao, de lo mejor en la zona. Precio: **A**

ZORTZIKO
Alameda de Mazarredo, 17.
Tel. 944 23 97 43
Está ubicado en un céntrico y elegante palacete de estilo versallesco. El restaurante de Daniel García ocupa un lugar de privilegio en la alta cocina. Recetas modernas y refinadas de técnica magistral. Lista de vinos con más de 600 referencias. Precio: **A**

Derio

MONASTERIO DE SAN JOSÉ
Tel. 944 54 13 66
Convento moderno y sólido, con comodidades aunque con austeridad monacal. Los huéspedes tienen libertad para hacer con su tiempo lo que deseen siempre y cuando respeten los horarios de la comunidad. Precio: consultar.

Ea

ERMINTXO *
Barrio Elejalde (Natxitua), s/n.
Tel. 946 27 77 00
www.euskalnet.net/ermintxo
Situado en el alto de Natxitua, con vistas sobre la costa y los montes circundantes. Habitación doble: 48 €.

Forua

BASERRI MAITEA
Barrio de Atxondoa, s/n.
Tel. 946 25 34 08
En plena ría de Mundaka. Sirve recetas evolucionadas y creativas elaboradas con materias primas de primera calidad. Precio: **A**

Galdakao

ANDRA MARI
Barrio Elexalde, 22.
Tel. 944 56 00 05
Precioso caserío ubicado en la cabeza de un frondoso valle. Continúa actualizando con brillantez la cocina vasca tradicional. Repostería cuidada. Extensa bodega. Precio: **A**

ARETXONDO
Elexalde, 20.
Tel. 944 56 76 71
El recetario clásico de la zona constituye la base de sus modernas propuestas. Cocina de mercado asentada sobre una correcta selección de productos de temporada. Postres sorprendentes.Precio: **A**

Gautegiz-Arteaga

TXOPEBENTA
Barrio Basetxetas.
Tel. 946 25 49 23 / 629 45 50 79
Juan Ángel Bizkarra es el artífice de este milagro. En 1983, el propietario encontró el viejo caserío del barrio de Basetxetas, a un paso de la Reserva de Urdaibai, dividido en dos viviendas, cada una habitada por una familia. Tres años de esfuerzo personal dieron como resultado una instalación modélica. Habitación doble: 40-47 €.

Getxo

ARTAZA**
Avda. de los Chopos, 12.
Tel. 944 91 28 52
www.hotelartaza.com
Una casona de piedra de aspecto señorial, declarada monumento histórico-artístico. Atmósfera sencilla y hogareña. Habitación doble: 87 €.

EMBARCADERO
Avda. Zugazarte, 51.
Tel. 944 80 31 00
www.hotelembarcadero.com
Una casa señorial de principios del siglo pasado en pleno paseo marítimo de Las Arenas. La construcción, de estilo neovasco, fue recuperada por el grupo Ercilla para convertirla en un coqueto hotel. Habitación doble: 125 €.

LOS TAMARISES***
Playa de Ereaga, s/n.
Tel. 944 91 00 05
www.lostamarises.com
Un clásico en la localidad emplazado junto a la playa de Ereaga de interiores clásicos, con cierto barroquismo. Estancias amplias y luminosas.
Habitación doble: 103 €.

CUBITA KAIA
Muelle de Arriluce, 10-11 (Puerto Deportivo).
Tel. 944 60 01 03
Álvaro Martínez, joven cocinero vizcaíno, seduce a su clientela con recetas de autor refinadas en las que se aprecia claridad de ideas y dominio de la técnica. Cocina global, de fusión y mediterránea.
Precio: **A**

LOS TAMARISES
Playa de Ereaga, s/n.
Tel. 944 91 05 44
Prepara recetas sabrosas con fidelidad a la cocina tradicional vasca. Agradable local ubicado frente a la playa, que cuenta con terraza y un museo del vino. Precio: **A**

TABERNA 1995
Avda. de Leioa, 24.
Tel. 944 91 20 06
Sirve platos refinados que apuntan a la cocina clásica. Notables platos con setas.
Precio: **C**

Ibarrangelu

ARBOLIZ**
Barrio Arboliz, 12.
Tel. 946 27 62 83
www.arboliz.com
Antigua vivienda que ha sido transformada en un hostal de carretera de ambiente hogareño, con una decoración sencilla y agradable.
Habitación doble: 40-46 €.

Kortezubi

LEZIKA
Cuevas de Santimamiñe, 8.
Tel. 946 25 29 75
Su carta la componen recetas tradicionales y platos de temporada que se trabajan con criterios personales. Especialista en pescados y carnes rojas a la brasa. Postres cuidados. Se encuentra en un bello caserío.
Precio: **B**

Lekeitio

EMPERATRIZ ZITA***
Avda. Santa Elena Etorbidea, s/n.
Tel. 946 84 26 55
www.aisiahoteles.com
Levantado sobre las ruinas del palacio de Uribarren, que fue habilitado por Zita, la última emperatriz del imperio austro-húngaro durante su exilio en la villa marinera de Lekeitio. Se ha conseguido recrear aquí un ambiente señorial con muebles clásicos de estilo Luis XV y continuas referencias a la emperatriz.
Habitación doble: 58-70 €.

ZUBIETA***
Portal de Atea, s/n.
Tel. 946 84 30 30
www.hotelzubieta.com
Caballerizas del siglo XVIII rehabilitadas como aparthotel. Ubicado en los jardines del palacio de Zubieta, junto a la desembocadura del río Lea, exhibe una fachada típica de caserío vasco, con el entramado de madera a la vista.
Habitación doble: 66-78 €.

ZAPIRAÍN
Igualdegi, 3.
Tel. 946 84 02 55
Local sin pretensiones donde se ofrecen mariscos sobresalientes. Además, pescados frescos de la costa. Aconsejable el besugo. Postres caseros. Precio: **A**

Lemoiz

ARRESI
Portugane, 7 (Armintza).
Tel. 946 87 92 08
www.hotelarresi.com
Un chalecito que alberga unas estancias amplias con una decoración algo pretenciosa. Situado en la falda del monte que le da nombre, muy cerca de la costa vizcaína. Dispone de un yate para salir a navegar o pescar al Cantábrico.
Habitación doble: 95-116 €.

Morga

KATXI
Barrio Andra Mari.
Tel. 946 27 07 40
www.katxi.com
Inaugurado en 2001, similar a un gran chalé con fachada de piedra y enfoscado, cubierta de teja árabe y buhardillones. Sus grandes ventanas aportan mucha luminosidad a los interiores, de aire rústico actualizado. Las habitaciones lucen camas de forja. Habitación doble: 80 €.

Mundaka

ATALAYA**
Itxaropen.
Tel. 946 17 70 00
www.hotel-atalaya-mundaka.com
Mansión con miradores de madera, construida a principios de siglo por la familia Arrupe frente a la ría de Mundaka. Fue transformada en un hotelito familiar de aire inglés con habitaciones generosas en equipamiento. Servicio atento. Habitación doble: 84-93 €.

EL PUERTO**
Portu Kalea, 1.
Tel. 946 87 67 25
www.hotelelpuerto.com
Antigua casa de pescadores con

fachada encalada y detalles de un azul intenso, adornada con unos típicos miradores de madera. Dispone, sin embargo, de unas habitaciones modernas y funcionales. Frente al puerto de Mundaka. Habitación doble: 60-69 €.

PORTUONDO

Barrio de Portuondo, 1.
Tel. 946 87 60 50
Situado en las instalaciones de un cámping frente a la ría de Mundaka. Cocina vasca tradicional. Aconsejable su jamón y, en temporada, los pimientos verdes de Gernika. Pescados a la brasa y carnes rojas. Tartas caseras. Precio: **B**

Muxika

REMENETXE

Ctra. C-6315, km 2 (Barrio de Ugarte).
Tel. 946 25 35 20
Dispone de una carta sugerente con propuestas muy variadas. Postres en la misma línea. Servicio atento. Precio: **A**

Portugalete

GRAN HOTEL PUENTE COLGANTE***

María Díaz de Haro, 2.
Tel. 944 01 48 00
www.granhotelpuentecolgant.com
Junto al Puente Colgante de Bizkaia, que le da nombre, disfruta de buenas vistas sobre la ría y el mar. Del antiguo Gran Hotel de Portugalete sólo conserva la fachada exterior, de estilo colonial. Habitación doble: 70 €.

Santurtzi

NH PALACIO DE ORIOL****

Avda. Cristóbal Murrieta, 27.
Tel. 944 93 41 00
www.nh-hotels.com
Ubicado en un palacio de 1902, monumento histórico, ofrece grandes espacios, techos de doble altura abuhardillados e iluminación natural y cálida. Restaurante especializado en cocina vasca creativa. Habitación doble: 145 €.

KAI-ALDE

Capitán Mendizábal, 7.
Tel. 944 61 00 34
Cocina vasca de corte tradicional basada en la calidad de los productos locales. Al final, tarta de queso. Precio: **A**

Sukarrieta

ASADOR ZALDÚA

Sabino Arana, 10.
Tel. 946 87 08 71
Ofrece carnes y pescados a la parrilla de punto delicioso y técnica inmejorable. Postres de la casa. Precio: **A**

Zamudio

GAMINIZ

Caserío Gaminiz (Parque Tecnológico), 212.
Tel. 944 31 70 25
Con buenas materias primas autóctonas elabora recetas que derrochan imaginación. Platos resueltos con habilidad como los sabrosos arroces y los pescados marinados. Precio: **A**

Índice general